鄭惠信—著　李明洙—啟發　林侑毅—譯

好好回話
開 [illegible] 關係

用三句話暖進人心，做個支撐他人的成熟大人

당신이 옳다

致讀者

關於我太太的一切

我的太太是鄭惠信，我們一年三百六十三天（沒錯，只去掉兩天）二十四小時相處。不僅是戀人，也曾是一起工作的同事，更是彼此的導師、特別的戰友。在猶如戰場般的心理治療現場，她是治療師，我是心理企劃師，我們做為戰友互相保護彼此。心理治療現場的慘烈是肉眼所看不見的，無論是國家暴力、家庭內部暴力，或是因不幸事故造成的創傷，這些受害者的痛苦超乎想像。當集體的創傷落在個人身上，便成了必須獨力承受的巨大痛苦。

過去數十年來，鄭惠信宛如一位前線治療師，在槍林彈雨般的創傷戰場上獨自承受一切，一步步向前。我參觀過數百次她以團體治療方式（一般五至六人，有時多達數十人）進行的心理治療現場，光是旁觀這幾場戰爭就夠讓人如坐針氈了。神奇的是，透過這種治療過程，有些人救回了性命，有些人重新掌控了自己的身體，也有些人找回難得的笑容。和我們一起在創傷現場的志工們，看到當事人痛苦的來找治療師鄭惠信，離去時的模樣卻截然不同，經常會這麼問我：「那（諮商室）裡面發生了什麼事啊？那些人的臉都變得不一樣了。」

面貌確實會因心念改變。我經常聽說有人整晚胡思亂想或與人大吵一架後，隔天起床照鏡子，整張臉猶如槁木死灰。

我也有過那樣的經驗，知道面貌改變並非誇張的說法。任何人一眼都能看得出來，例如，我看過有些人一開始被擔架抬著進諮商室，也有些人像發狂的犀牛氣沖沖地跑進諮商室，然而經過治療後，他們可以抬頭挺胸地走出來，眼神變得像小鹿一樣溫馴。

或許有人會嗤之以鼻，心想「這是什麼神丹妙藥嗎？」或者感到莫名其妙，「又不是什麼奇蹟見證，太誇張了吧！」沒錯，這的確不是神丹妙藥，也不是奇蹟見證，而是介紹一帖沒有副作用的藥，一段拯救人心的非宗教見證。親身參觀過團體治療現場的人、從面貌的改變證實治療效果的人，甚至是一起參與其中的我，都無法理解眼前奇蹟般現象的背後原理和脈絡究竟是什麼。她和那些遭受痛苦的人之間，究竟發生了什麼事？

為了解釋這些問題，治療師鄭惠信將她的現場經驗和功力集結成這本簡易的專業書籍。這本書不是用來讀的，而是用來實踐的。就像心肺復甦術（CPR）一樣，熟練急救動作遠比急救的理論內容重要，如此一來才能在危急情況下拯救人命。這本書所介紹的，正是關於心理CPR的內容，與其說它是一本書，不如說它是一本行動指南。

當然，要先理解書中內容才能落實，所以請先透過閱讀掌握本書，最終將本書視為一本「同理」行動指南。如果有人質疑這個平時常見的「同理」哪還能變出什麼新的花招，我會說那是「鄭惠信的同理」。就像對於「愛」，世界上每個人的定義也各不相同。

為了便於讀者理解「適用心理學」這個新的概念，她將「鄭惠信的同理」融入其中，並花費三年左右的時間建構與驗證理論。在我看來，她已經脫離精神科醫師的既有框架許久。她堅持不是擁有證照的人才是治療師，能夠拯救他人的才是治療師。這句話聽在精神醫學界或擁有證照的專家耳裡，可能會感到不滿。因為在診斷憂鬱症等疾病時，經常得面對突發的情況，甚至是與疾病對抗的情況。當然，我完全支持她的看法。不是因為我跟她站在同一邊，而是我多次親眼見證她的功力和態度，改變了原本深受痛苦的患者面貌，並且她的經歷也都足以寫成論文發表了。只要是有志於透過心理治療拯救自己或幫助他人的人，別說是一般人，專家也會需要這本書的。

我敢說本書的內容絕對是所有心理治療的基礎，這句話一點也不誇張，並且，本書也經過許多經驗豐富的專家驗證。我相信，就算「鄭惠信的同理」無法取代所有的心理治療，至少它可以是心理治療的根基。

需要在心理上幫助他人的從業人員，例如諮商師、牧師、學校教師、神父、修女、職場導師等，以及想要同理、保護身旁受害者的人，我推薦你們來讀這本書。衷心盼望這本書能成為人人必備的心理治療指南，就像每個新生兒家庭必備的《新生兒父母手冊》一樣。別因為讀過好幾次就任意借給別人，而是要時時放在身旁，必要時翻開加強記憶，如此必能發揮關鍵性的幫助。像我這樣的心理專家也是如此，總在必要時從本書獲得助益。

無論是諮商專家，還是在人際關係感到孤單的人，任何人都能在這本書中學到行動的方針，並獲得立竿見影的效果。不必劃底線，只要多閱讀幾次，在下次出現類似問題時，就能像翻開《箴言書》的任何一頁一樣，出現符合當時實際情況的有效處方。本書的設計和寫作，都是以此為考量。

鄭惠信在七年前決定輟筆（雖然是私下向我宣佈的），之後本該寫作的大量文章皆未動筆。這是因為她認為在現場和遭受痛苦的人親身接觸，會比寫作更有價值，效果也更好。我尊重她的決定，也熱烈支持她。

在心理治療方面，她是我的導師。據她本人說法，在寫作方面，我則是她的導師。七年來，我是她文章的頭號讀者，也做為她眼中的寫作導師給予修改意見。與過去相比，她的文章變得更原始、直接，我能感覺到她更真切地想表達某些想法的心情。她不追求華美的文句，並且刻意重複相似的內容，甚至是想原音重現當時某人的真實心聲。

對於彼此的文章，我們總是站在寫作導師的立場來閱讀，不過這一次我淡化了這樣的角色，只補充了最基本的看法。因為這不是為了寫而寫的文章，而是治療師鄭惠信的真實紀錄，用以向讀者傳遞「鄭惠信的同理」。讀著本書的內容，我數度感到莫名的激動，又在部分章節中唏噓不已。書中有太多如聞其聲、如見其人的案例了。讀者們一開始讀到概念說明的部分，儘管並不難懂，也許仍會感到難以理解，那是因為我們從未思考過這個領域。這時只要搭配案例再讀過一遍就好，如此便能了解透徹。

讀完本書後，只要你懂得不輕易給對方「批評指教」，就算學會基本的同理了。「除了批評指教外，我還能說什麼呢？」如果能幫助你解開這個問題，這本書就有價值了。

我在閱讀本書並提出個人看法時，書中令我哽咽的內容經常是相似的，那就是察覺到對方有過痛苦的經歷，而自己卻不知道的時候。「原來你過得那麼辛苦，我卻什麼都不知道。」好比一位小學生在學校和同學爭吵，遭到老師的責罵，回家後向母親訴苦，母親卻要孩子下次別再那麼做。孩子這時哭著說道：「媽媽你這樣不行，你應該要問我為什麼會打人啊。老師只會罵我，我已經覺得很難過了，媽媽要安慰我才可以啊。是那個人先惹我的，我忍了好久才打他。怎麼連媽媽你也怪我不對呢。」

在孩子的這番話裡，自然流露出母親不能對自己那樣，應該要站在自己這邊，詢問事情經過才對的理所當然。

在這之後，也有一位在幼稚園被排擠的六歲小孩，得到了母親長期以來細心、堅定的支持，最後得以帶著自信的表情對媽媽說：「媽媽，謝謝你，現在我總算自由了。」

這就是本書的全部。本書的關鍵就在於「鄭惠信的同理」。

這本行動指南集結了治療師鄭惠信的所有治療功力和精力。用我個人立場來說，這本書就是關於我太太鄭惠信的一切。我相信並期待她的這本書，將有助於拯救他人，在人們的傷口上塗抹藥膏，重建良善的關係。

二〇一八年初秋，期許本書能使人們獲得救贖

李明洙

前言

就像一頓簡易家常飯的心理治療——適用心理學

有時，某個詞彙如獵鷹般盤旋在心中，又如夕陽下的河水流淌進心裡。「適用技術」[1]正是這樣的詞彙。這個能拯救人們的概念，如此簡單又美好，無法不被它吸引。

在非洲的某座村莊裡，因為缺乏飲用水，孩子們一早就背起水桶外出汲水。他們往往需要步行數小時汲水後再返回。由於孩子們步伐蹣跚，加上水桶破舊，回程幾乎流失了半桶水。獲悉這件事的設計師，與其他人合力製作了圓筒狀的水桶。

之後，孩子們的生活出現了轉變。他們像是在玩遊戲般，將裝滿水的水桶一路滾回家。如此一來，不僅可以用更短的時間搬運更多的水，也得以更有效的儲存水資源。

1. 一種考量不同國家、地區的個別情況，並能適應當地產業、社會或經濟需要的實用技術。作者將適用技術「適時適地適人」的概念與心理學結合，提出一套實用的治療方法，並稱之為「適用心理學」。

村民的生活也變得不同了。孩子們原本為了汲水無法去學校，現在也可以上學了。一個如此簡單的水桶設計為日常生活帶來了奇蹟。這是一般常見的成功適用技術案例。

在這個人類夢想遷居火星、航太科技大行其道的時代，仍有一群人因為缺乏簡單且實用的技術而無法過上正常的生活。適用技術的概念，正是源自於對他們的關懷與關注。適用技術同時也試圖找出全球糧食供應充足，卻仍有許多人因飢餓死亡的原因。

在以人類生活富饒為目標的科學時代，甚至是科學萬能時代，卻只有少部分人過著富足幸福的生活，這是相當奇怪的現象。有些人認為其原因並不在於我們缺乏最先進的科學技術，而是我們日常需要的適用技術不足、資源分配不均所致。這是細膩而偉大的洞察，所以在我初次接觸到適用技術的概念和相關案例時，內心非常激動。

簡單的科學原理和平凡的技術帶來的結果並不平凡，甚至創造出傑出驚人的成果，將原本生活在痛苦之中的灰調人生轉為彩色，就像看著口袋中原本皺巴巴的紙片，經過魔術師大氣一吐變成鴿子、往天空飛去的神奇表演。

只不過這裡還需要加上一點，那就是「洞察他人痛苦的細膩心思與熱忱」。這是將非現實化為現實的奇妙力量，猶如魔術師口中吐出的氣。「適用技術」的概念如宣紙上的墨水滲透進我的內心時，正好與我當時的想法一拍即合。這不僅是我在治療現場（主要是創傷現場）聽著淚流滿面的人吐露心聲時，心中出現的疑問，也是我長久以來身為心理治療方面專家的想法：我們真正需要的不是專家的心理學，而是適用心理學！

證照派不上用場的創傷現場

近十五年來，我與遭受各種國家暴力的受害者並肩作戰，例如一九七〇至八〇年代遭受拷問的倖存者、曾經試圖自殺的解僱勞工、世越號遺族家屬等。在治療現場，我清楚聽見他們的痛苦呻吟，目睹他們幾乎不可能撫平的內在傷害。同時我也深刻覺察這樣的事實：心理治療相關的專家證照，在創傷現場根本派不上用場。

在社會災難現場，不僅有心理治療專家，也有社會運動家、一般志工等許多人的參與，但初期過後，現場就很難找到擁有心理治療相關證照的專家。這是我長久以來在各種治療現場中不斷接觸到的現實。擁有證照的專家之所以撤退，並非因為受害者情況獲得改善或好轉，尤其治療對象原本的混亂思緒經過一段時間後，心理上的傷害會更明確表現出來，此時治療師必須給予更多相關治療，然而這卻讓擁有證照的專家愈加卻步。

世越號慘案[2]發生時也是同樣的情況。一開始有許多心理治療專家來到現場，後來幾乎消失不見，反倒是志工的數量隨著時間越見增加，志工們都說：「我沒辦法坐在家裡袖手旁觀，所以就趕過來了。」他們覺得自己什麼忙也幫不了，卻又哭著幫忙打理每一件事。他們為受害者準備食物、洗碗、打掃，嘴上雖然不斷傾訴著自己心有餘而力不足的悲傷、憤怒與無力感，卻又握緊世越號遺族家屬的手，與他們一起哭泣。

他們這種真誠和態度，給受害者帶來了實質的幫助。現場多次可以看見這樣的場面：志工們以行動和眼神，告訴那些遭受創傷後不再相信世界和他人的受害者：「你不是只有一個人。」這才是真正的安慰關鍵字。

不具備證照的志工們，在現場尋找需要自己的地方，發揮小我的功能。世越號慘案當時，政府和政治家將遭受創傷的被害者壓在地上，在他們的傷口上灑鹽，但是志工們用他們始終如一的行動和悲傷、無力的人類共同情緒形成了「強大聯繫感」，成為拯救被害者的救命繩。

這條堅韌的救命繩充滿了銳不可當的治療能量。在這群志工中，有些人以自身經驗為基礎，用自己的方式輕易道出了治療的原理。或者說，他們根本沒有料想到自己所說的話和所做的行為，其實是最接近治療方法的事情。即便我從旁稱讚他們的舉動，他們也堅稱自己並不懂心理治療，覺得我的稱讚用在他們身上並不恰當。志工以個人的體會和經驗做出的行為，其力量與效果和用理論包裝話語的專家截然不同。

在其他創傷現場中，也不斷出現類似的情況。一開始，志工們雖然在混亂中手足無措，不過最後總能給予受害者幫助；相反地，許多擁有證照的專家一開始挺身而出，用自己專業領域的知識和經驗明確指出需要治療的地方，不久後卻喪失了存在感。與其說他們因為工作繁忙，必須立刻回到自己的工作崗位，不如說是因為受害者不再向他們尋求幫助，甚至拒絕他們的幫助，致使他們離開了現場。

這是為什麼呢？為什麼越是心理治療專家，越容易在現場嘗到失敗？如果在人命

---

2. 二〇一四年四月十六日發生的一起船難。是近年來南韓最嚴重的船難事故。

處於危急關頭的現場，專家都不能發揮自己的功能，甚至這種情況一而再、再而三發生，那麼證照究竟還有什麼意義？

我自己擁有相關證照，所以敢在這裡冒著被誤解的可能，舉精神醫學的例子說明。精神醫學是為了診斷與治療精神病或精神相關疾病，而在學術或臨床領域上成立的一門學科。在這個領域中，必須固守從疾病的觀點來看待人類痛苦與衝突的傳統，所以精神醫學更重視從「病患」的角度來看人，而非「人」的角度。醫師們從入行開始，就已經習慣這種下意識的治療過程。對於我個人和精神科醫師來說，這種觀點是再自然不過的事。於是本該為人類最大利益服務的精神醫學或心理學，長久以來與學科原本的期待背道而馳，逐漸脫離了對人類問題本身的探索。

在創傷現場，我曾經聽過受害者向專家懇求「真正有用的幫助」。什麼是「無用的幫助」？「有用的幫助」為什麼幫得上忙？「無用的幫助」又為什麼幫不上忙？

在創傷現場，不少精神科醫師在充分聆聽受害者的悲傷與痛苦前，已經開出藥物處方箋。這是因為他們將受害者表面的痛苦視為主要症狀，並以此症狀做為疾病的判斷根據。這種以神經傳導物質失衡來解釋憂鬱症的原因，並投以藥物減緩病患症狀的行為，當然是只有醫師才能發揮的重要功能。

確實，當失眠或不安等症狀降低了當事人對眼前壓力的抗壓性，為當事人的日常生活帶來更大的痛苦時，利用藥物治療可以一定程度減緩症狀。但是對於受害者而言，失去子女卻遭受他人嘲弄、被傷口撒鹽的他們，已經承受了整個靈魂被撕碎的痛苦，而醫師將他們視為病患的目光，又對他們造成了二度傷害。

創傷受害者所期望的，是對方將自己當做遭受痛苦的人，而非病患。這並非不切實際的期望。他們只盼望專家們別再反射性地開出處方，而是關懷他們難以啟齒的巨大傷痛，深入理解與體會他們的心情。

受害者的這種期望，並非只有在創傷現場才能看見。事實上，我們所有人在日常生活中遭受傷害、感到鬱悶或孤獨等情緒時，都會產生這種最直接的心理期望。

過去的我不曾這麼想過，然而，現在我已切身體認到包含我在內的所有擁有證照的人，對於人的認知仍存在一定侷限。我現在已經體認到這個問題，並在這樣的覺悟下持續學習與精進。要擺脫這種認知的侷限，其實非常困難。我接下來要說的話，也算是一種告解吧。

我也不例外

每當家中有誰向我抱怨感冒引起的各種症狀時，我總是回答：「那不是什麼嚴重問題，沒關係。可以的話，忍一忍就好。」這句話確實沒錯，但是他們對我的反應很不滿意。當時我無法理解他們為何感到失落，只當他們不了解感冒。因為那種程度的症狀，只要一段時間就能自行緩解。感冒的時候，其實不必吃藥，只要多喝柳橙汁這類富含維他命的食物，充分休息，身體就會自行痊癒。沒什麼需要特別照顧的，也不必特別照顧。就醫學知識來看，這句話既沒有說錯，更不是什麼冷酷無情的話。

但是聽到這句話的對方，想法卻不一樣。即使不是足以致死的重病，也希望他人真心關心自己身體的不舒服；即使是不需要特別治療的疾病，起碼告訴自己日常生活中該注意的事情，或者介紹一兩個偏方，這樣自己才會感到安心。

這些反應的背後，隱藏著希望他人對待自己身體的不適時，別「一副無所謂」的態度。他們期待自己的痛苦能被真誠對待。人類的這種期望或心情近乎本能，在身體健康時是如此，在身體不適時更是如此。

當時我並未察覺這種心情，只把重點放在對方抱怨不舒服的症狀上。在醫學上，沒有進入疾病範疇的所有狀態都是正常的，既然正常，那麼身為醫師的我當然無話可說。但從結果來看，我算是一位無情的醫學技工。

醫師很容易對人們抱持這種先入為主的觀念，我雖然是主要負責心理問題的精神科醫師，也免不了如此，我無法脫離以疾病為治療關鍵的認知。但是大眾對於精神科醫師的想像，又與現實不同。人們期待的精神科醫師，是對人類心理擁有深奧的知識和經驗的人，是心理專家＋大腦專家＋人文學家＋社會學家＋哲學家的模糊綜合體。很遺憾的是，事實並非如此。我只能坦白告訴各位，精神科醫師長久以來被禁錮在以疾病為主的醫療觀念裡。

還有更羞於啟齒的事要告訴各位。過去我站在疾病本位看待「人」時，每次在諮商室見到不同的個人，我都像是踏入迷宮般茫然。那時，我甚至不知道為什麼自己感到茫然無助。我試著從許多學者的理論著手，也積極參加各種學術會議和工作坊，甚至試著全心投入在諮商和累積經驗中。我也曾經就心理諮商向前輩醫師尋求私下指導，仍覺得不著邊際，那種空虛、慌亂的感覺依然存在。如陷五里霧中的感覺，總讓我深感絕望。

在如此困難的時候，其實有個方法能讓我擺脫困擾，一解憂愁——那就是把我眼前所有人都當成病患。

從精神醫學的觀點或疾病的觀點來解釋人，所有問題都會變得單純。因為幾乎所有問題都可以解釋為生理上的疾病，自然簡單得多，接著再根據疾病給予合適的藥物就行。只要那麼做，我就能立刻擺脫自己心中沒人看得見的混亂。因為給予醫學說明後，沒有任何一位病患會提出異議，甚至越是那樣，我越是被推崇為專家，人們也會把我的意見奉為圭臬，因此「醫師（或專家）」的稱號經常能使我感到安定。在天下無敵的證照堡壘中，對於任何一位上門求助的人，我這位專家都擁有絕對的主導權。只要上門求助的人沒有離開我的治療室，我就能繼續發號施令。

儘管我對自己提出了關於人的根本問題，但即使跳過深入思索答案的過程，證照也能使我誤以為「我深知所有答案」，不會感到不安。但是當我逃避這些問題，就像用棉被蓋住沒有打掃乾淨的汙垢，我內心對於人類本質的不安與混亂，反倒日漸擴大。

這樣的我，迎來了一個重要的轉捩點：我開始在診療室以外的地方，聆聽人們內在的聲音。近十五年來，我持續與大企業CEO和員工、公司會長、政治人物、法律人等社會各領域的佼佼者暢談心事。

我深入聆聽他們的人際關係、生命與內在的矛盾、欲望與創傷。他們不是找上我講述自身症狀的病患，而我當然也沒有把他們當做病患。他們大多樂意告訴我自己生命的一切和真實的自我。於是我終於明白，在這些人當中，有許多是過去我在診療室總會接觸到的人物類型；而過去我在診療室見到的那些人當中，也有不少人本質上和這些人並無太大差異。

換言之，我和人們見面的場所（取決於是或不是診療室），深深影響了我如何看待他人。過去我之所以無法將眼前的人視為全然獨立的個體，原因就在於此。我終於知道，長久以來身為精神科醫師對於「人」感到混亂的原因了。

來到診療室的人，多數都是忍了又忍、忍到不得不尋求醫師協助的時候，才前往醫院看診。對他們而言，當下的自己需要他人的幫助，只好放棄尊嚴的底線，被當做病患也無妨。從另一個角度解釋這句話，就是進入診療室後，醫病（醫師—病患）關係永遠是對醫師絕對有利的關係，也是以醫師為中心的關係。

而在診療室以外的日常空間中見到他人時，人們總想努力表現自己的魅力，守護自己的自尊。要在那種日常空間中宣洩真實的心聲，就需要特別且充分的理由才行。

在診療室之外，遇見非「病患」身分的「人」

在診療室以外的地方接觸過人們的內心後，我才真正知道，走出診療室後，我們是需要在心理上一較高下的。因為他們不把自己當做病患，而我當然也不認為他們是病患。

過去我總是將診療室內的人定義為病患，不自覺地站在醫師的優越位置上面對他們。在診療室外，沒有了「白袍」的保護外衣，這才在聽著他們內心話的同時，發現了過去的自己。在這個世界上，不可能用「病患」的框架來看待對方，還能覺得對方不錯的。那種觀點並不正確，也不恰當。

任何人都有創傷，也有某些比別人更敏感的心思之處。沒有人是例外，再怎麼健康的人，也不可能二十四小時保持健康；有神經衰弱症的人，也不可能二十四小時都活在神經衰弱中。

在診療室以外的地方，看見（非病患身分的）人們的內在後，我過去對「人」感到混亂的內心，也猶如撥雲見日般豁然開朗。在診療室外和無法立刻定義為病患的人溝通的經驗，逐漸改變了我。

現在，我覺得自己可能與傳統意義下的精神科醫師有所不同。也就是說，我對人的觀點或態度可能遠離了同為精神科醫師的同業。我要說的不是誰對誰錯、誰有效誰無效，而是覺得兩者出現了極大的差異。

近十五年來，我白天和企業主、法律人、政治人物見面談心，晚上或週末則到創傷現場陪伴受害者。世越號慘案發生後，我投入了所有時間陪伴受害者。經過這段時期，我才完全找回對人的感覺，脫離了在診療室中經歷的混亂期。事件現場儘管危險，我的內心卻感到前所未有的寧靜、沉著與堅定。

心理創傷的現場猶如野外戰場，所有傷口直接暴露在汙染之中，沒有乾淨的消毒室，也沒有手術室。塵土沾附在傷口之上，引起發炎造成日後二次創傷、三次創傷。既沒有可以顯示醫師形象的白袍，也無法仰賴先進醫療設施和設備展現權威。炸彈已經從腦袋上飛過，就像臨時搭建的野戰醫院，得在帳篷內接電提供照明，才能進行手術。在這種地方，不可能放著傷口不管，也不可能用專業知識或口才蒙混過去——其實也蒙混不了。

對創傷受害者而言，他們甚至沒有多餘的精力承受專家的誤判或疏忽。在內外渾身是傷的狀態下，他們無法接受專家任何一點錯誤。情況危急，不得不如此。他們雖然高呼自己不是病患，而是受害者，但是他們比世界上任何一位病患承受著更致命的傷害。在他們袒露自己的傷口前，必須與他們展開一場心理戰。在創傷現場上不可能用證照來顯示治療師的存在感，證照在那裡派不上用場。

擁有證照的人不等於是治療師，能拯救他人的才是治療師。在創傷現場，唯有了解人的本質、創傷的本質後採取行動的人，才可以是治療師。創傷現場更是殺戮的戰場，不能單憑花拳繡腿，要靠威力強大的實戰技術才能贏得勝利。

此外，由於我同時接觸到社會頂端的人，以及人生瞬間被推入泥淖中的受害者的內心創傷，我從中發現了一個事實：無論處在什麼情況下，擁有什麼樣的外在條件，總有影響人心的最根本因素。

影響人類生命至最後一刻的，不是環境或情況等外在的條件，而是人類本身。無論是聲名遠播或家財萬貫的人，還是遭逢悲劇的創傷受害者，在他們擁有外在條件之前，他們都只是一個個體。唯有明白這個事實，他們才能從自我內在發現未來的生存方式，這點我比誰都要清楚。至於在劃分出上述兩個極端後，處在這個區間上任何一點的普通人，就更不用說了。這個發現也為我帶來了巨大的改變。

如今我可以說，把生命的痛苦看作是疾病的醫學觀點大錯特錯。不是只有疾病專家的精神科醫師，才能撫慰人心的痛苦，幫助人們正向地省視內心。將「人」視為「人」，才是真正的專家該有的目光與態度。我相信在這個基礎上，「適用心理學」是所有人都能夠善用幫助自己，也能直接幫助家人或旁人的工具。

我親身體驗過的治療原理與機制

自弗洛伊德研究其門診病患，建構精神分析理論後，至今過了一百多年。其影響範圍之廣與深，自不必贅言。身為治療專家，我個人觀點中的一部分也是建立在精神分析學的學習與經驗上。我深入研讀過他的各種理論，自然也在他的影響下成為精神科醫師這樣的專家。

但是我在這本書中，並未引用弗洛伊德或榮格、阿德勒等教科書中出現的精神分析學家的理論或學說。我也不認為有那樣的必要。

我想從我個人的視角，談談到目前為止的案例中體驗到的、我所認為的治療核心原理和機制，希望藉由我們社會中每一個活生生的生命故事，提供「有用的幫助」。我將會以我過去個人的經驗為重心，談談實際的治療技巧，這些技巧可以真正為自己與身旁的人帶來幫助，甚至讓你在不知不覺中拯救旁人。

就像適用技術可以改變人類的生活一樣，我希望適用心理學也能達到那樣的效果。我們也可以換個說法，適用心理學不是理論，而是在實際生活中具有實質威力的實用心理學。這個可以幫助我理解自己和旁人內心的簡單心理學，我稱之為「適用心理學」。

如果法律規定只有具備廚師證照的人才可以做飯，我們的生活會發生什麼事？想要解決飢餓，勢必得每天到擁有廚師執照的餐廳排兩次隊才行。如果為了維生而必須滿足的基本需求——食欲，得用那種方式才能解決的話，那麼做為一個人類最卑微的尊嚴將難以守護。

在實際生活中，我們通常自己做飯解決飢餓。雖然有時也會外食，但是並不完全仰賴廚師。即使不吃廚師準備的高級料理，也不會有任何問題，可是如果長時間不吃家常飯，甚至可能造成心理上的不安。那正是家常飯的力量。

像生理飢餓那樣隨時找上我們的，還有在人際關係中的衝突與衝突帶來的焦慮。我們不可能為了解決這個問題，每次都去找擁有證照的醫師或諮詢師。如果這個問題的頻繁程度就像三餐總會出現的飢餓感那樣，並且每次都得尋找專家幫助的話，如何過上正常的生活？這就是為什麼我們需要像家常飯那樣可以自行解決的心理學。

在日常生活中，當飢餓無法獲得滿足時，人們容易感到厭倦、變得暴戾或充滿無力感。同樣的，當做為生命根本的人際關係遭遇衝突而無法獲得解決時，長久下來，不僅容易造成性格扭曲，人生也將困難重重。為了過上安定的生活，我們需要像家常飯一樣的治療方法。而這個治療方法，正是「適用心理學」。

適用心理學的核心——同理

近來，醫學界總是將造成我們生活不便與困擾的原因，例如精神疾病、憂鬱、不安、怯懦等，歸咎於人腦中的生理問題，並且這股趨勢越演越烈。對於這種偏差的主張，我完全不認同。和我抱持類似想法的精神科醫師不少，但是我們的想法散播至整個社會的速度仍如龜速般緩慢。這是因為目前精神醫學界長久以來脫離醫學、科學領域，轉而進入了產業鏈所造成的問題。

產業鏈的力量對臨床的影響相當巨大，幾乎難以想像。事實上，想要在普遍將不安或憂鬱等問題視為腦部疾病的認知上，創造一個有意義的思考空間，必須有個強大的新力量，足以超越製藥公司這樣龐大的資本與政府、媒體所建構起的銅牆鐵壁。

這個時代面對幾乎所有心理上的困境時，都試圖從大腦尋找原因，然而我想要向世人傳達的心理力量，雖然比那圓形水桶的外表更不起眼，卻具有莫大的威力。這個力量可以隨時啟動，也比藥物治療更能快速撼動人心，有效應付真實生命的痛苦。這個力量的關鍵，正是同理。

我所說的同理，是體認到「界線」的同理。關於這個部分，將會在書中詳談。

這個界線分明、立體的同理，就像是家常飯一樣的治療，也是適用心理學的關鍵。不知道的人可能會說：「喔，那種東西有什麼好說的。」但是同理的威力比任何力量都要強大。

同理適用於任何人，無論是富裕或貧窮、強者或弱者、知識豐富或貧乏者、老人或小孩。只要徹底了解同理，你將會像觀看一段紙鳥化為白鴿的魔術一樣，內心為之震動。

二〇一八年九月

鄭惠信

目次

第三章 同理

第四章 劃定界線

第五章 障礙

第六章　實踐

✦
✦
✦

作者聲明

文中收錄的案例皆獲得當事人的同意，同時為保護當事人，文中以化名表示，並修改部分訊息。

第一章

為什麼我們感到痛苦？

在自我逐漸消滅的懸崖上

看向身旁，所有人都籠罩在愁雲慘霧中，天地間盡是內心受傷的人。近來悄悄快速擴散的現象之一，正是恐慌症、恐慌發作。不必拿醫學統計來證明，也能察覺到周遭陷入恐慌的人正急速增加。

恐慌症來得悄無聲息，心臟忽然停止跳動的感覺，猶如目睹鐵鎚飛到眼前的瞬間。那一瞬間，當事人真實體驗了死亡降臨般的恐懼。這個現象一般持續數分鐘之久，是人類所能經歷的最大極限的恐懼。有過一兩次這種經驗後，生活將被恐懼籠罩，不知道這種漫無邊際的不安何時會像海嘯襲來。因為無法預測，所以無法防範；因為無法防範，所以不安感更加強烈。

明星經常深陷恐慌的原因

在頂級巨星中，有不少人坦承自己患有恐慌症。這或許很難理解。在粉絲眼中，他們不僅是夢寐以求的對象，更是實現夢想的人。扣除或多或少存在的黑粉，這些明星得到更多粉絲的關心與愛護，自然也得到大眾更多的關愛。他們爬上了人生的巔峰，想必也滿足了個人強烈的成就感，甚至荷包也賺得滿滿的，幾乎毫無疑問可以冠上人生勝利組的稱號。

這些明星得到足以令人窒息的過分關愛，看似與「缺乏關愛」毫無關連，又怎麼會站上恐慌症的最前線呢？我們能理解追求夢想失敗的挫折，但是已經實現夢想的人，他們的挫折究竟是什麼？如果實現夢想仍然感到挫折，沒能實現夢想也逃避不了挫折，那麼夢想實現與否和挫折感其實無關嗎？

只要找出這些明星經歷的恐慌來源，便能發現一個相當重要的線索，而這個線索能幫助我們理解這片土地上的人們為何感到難過。明星們的恐慌症，可以說正是檢測我們內在的石蕊試紙。如果說有個集結眾人欲望的總和，那麼站在這個總和中央的人正是頂尖巨星。

明星的一生凝聚著我們所有人內在的需求和欲望。在檢測一個人罹患什麼疾病、疾病發展到什麼程度、疾病如何擴散時，不必一一取出生病的器官檢查，只要將細針插入體內，取出器官的部分組織放在顯微鏡下觀察，即可得到正確的結果。同樣地，取出明星的一部分生命，放在心理學的顯微鏡下觀察，便能從中看見我們生命中最私密的模樣。

明星大致可以分為兩類。有出道前已經被設定為大眾期待的形象的明星，也有只是隨心所欲表現自己，卻因此獲得大眾爆炸性關注與好感的明星。他們不過是做自己想做的事，照自己所想的方式行動，卻因為獨特的形象受到關注，贏得超高人氣。換言之，「做自己」對他們而言不過是像呼吸一樣自然，毫無特別之處的行為。

然而當大眾認為這點相當特別，對這位明星產生好感時，從那一刻起，這位明星就像從未意識到呼吸的人忽然在意起自己的呼吸，他們開始意識到了「自我」。如此過了一段時間，他們早已分不清楚那是原本的自己，還是自己創造出來的形象。對身分的混淆，不只發生在起初迎合大眾需要與口味打造的明星身上，即使是出道時風格特異的明星也擺脫不了。他們懷疑自我，否定自我：「我是真正的我嗎？」

所謂明星，是在完全犧牲自我以迎合他人（大眾）的生態下，最終存活下來的人。只有高度自願迎合他人的人，才能達到這種境界。換言之，明星們所享受的地位和權力，是他們自願付出個人傑出的才能與高配合度，將自己推入自我消滅的境地，由此換來的華麗代價。這正是明星的本質。這種生活雖然能短暫抽離，但是既然身為明星，就沒有永久脫離這種生活的道理。猶如華麗綻放後凋謝的花朵，這就是明星。

明星最光輝璀璨的時刻，正是全力犧牲自我以迎合他人的時期。當自己全然成為「他人欲望的主體」，不再「做自我」時，便是「自我」消失的時刻。當然他們也有被允許「做自己」的時候，但是只限於「大眾」期待看到的「做自己的明星」，經紀公司的這一點體貼，無異於只給一千元，還讓對方「盡情揮霍」。他們渴望回到「自我」的瞬間，明星的資格將被剝奪，做為明星的壽命就此終結，永遠驅逐出演藝圈。因為「做自己」違反了「大眾」的欲望。

由此看來，明星的生命猶如我們生命的縮小版。我們也在日常生活中不斷抹除自己以迎合某人的期待和需要，同時也在自我逐漸消滅的懸崖邊上發出求救訊號。

一位在外國名牌精品店工作的經理，上班前總先將自己設定為「Michael」（這並非他的本名），用Michael的身分開始一天行程。他將上班時受到的忽視和屈辱，看做是Michael所承受的，而非自己。他一直自詡為公私分明的專業人士，但是某天在上班路上，他忽然心頭一痛，被送往急診室。

生活離「自我」越遠，越是危險

當「自我」變得模糊時，身體必然會抗議。這在心理上是確定的事實。恐慌症猶如摩斯電碼，是一個人被迫退到自我消滅的懸崖邊上，垂死掙扎時發出的緊急訊號：「我變得越來越模糊了，好像快要消失了一樣。」面對恐慌症的原因，如果單純從生理上的因素來解釋，自然得利用藥物治療來減輕症狀，但是這麼一來，便容易錯過恐慌症所揭露的個人心理狀態的問題，也無法針對這個問題加以解決。

真心誠意的人常能吸引他人。坦率做自己的時候，正是一個人最有魅力的時候。這也是每一個孩子都純淨閃亮的原因。

一個明星的成功，看似在於他表現出具有魅力的自己、展現個人獨特風格的時刻，其實不然，只有活出完美迎合大眾欲望的自我，才是成功的時刻。直到某一刻起，明星們將會發現，自己所擁有的龐大資產，全都寫有大眾的名字。他們將會明白，當下或許能盡情從中牟利揮霍，然而從脫離大眾視野的那一刻起，不但無法從大眾身上取下一分錢，更會被視為不懂看人臉色的人，立刻被打入冷宮。

即使是人氣如日中天的藝人，也會因為一個關鍵的失誤或一則惡意留言，使過去所有的掌聲瞬間化為沙塵，從指縫間溜走。過去一天動輒千封以上的粉絲信，將瞬間變成一天不到一封，帶給他們強烈的打擊。那情景簡直堪比退潮。這時，明星們將切身醒悟人氣或人性不可信的道理，同時在心中暗自決定，無論當下人氣再怎麼高，也要盡可能海撈，並且要為未來設想其他出路。

明星們對人性的體認，與出道之前截然不同。然而這並非往正面的方向轉變。他們將人類視為恐懼的化身，並且將這股恐懼內化。為了戰勝這股恐懼，他們更效忠「大眾」，不得不繼續迎合「大眾」所期望的形象。儘管那是「大眾」的需要，他們卻只能合理化為「自己的人生」。

不那麼催眠自己，便無法維持那樣的生活，也克服不了恐懼。至此，他們開始了走鋼索的人生，無時無刻不在「自我」和「大眾」間拉扯，最後逐漸抹去「自我」。走上自我消滅的道路後，疾病也隨之而來。

即便不是明星，那些將父母或配偶的強烈期待視為自我實現的人，或者相信為他人犧牲奉獻才是自己的使命，並對此堅信不移的人，他們的生命與明星經歷恐慌症的生命何其相似。這樣的人生風景，經常可以從自己或旁人身上看見。當抹去自身性（selfhood），全然依憑父母的期待或社會的角色、價值等生活的人，一旦與自己曾經絕對服從的父母或配偶分離，或者自己曾經認定為天職並深信不移的任務消失，甚至是該任務已經失去價值時，可預見的是，他們將會陷入恐慌之中。

恐慌症這樣的疾病，讓人心臟彷彿停止跳動，卻不真的停止；整個人似乎瀕臨死亡，卻並非實質上的死亡。恐慌症本身雖然不會導致死亡，然而在自我逐漸消滅的邊緣上掙扎的人，卻有不少人選擇結束自己的生命。不是因為心臟脆弱而死，而是他們在一點一滴抹去自我的生命邊緣時，對人生感到意興闌珊，最終選擇放棄整個生命。無論是誰，當生命與自我漸行漸遠時，危險將隨之降臨。

無視個體特殊性的暴力事件

人過壯年，和丈夫駕車外出時，我總是特別當心交通安全。尤其和年紀比我們小的駕駛人擦撞的情況，更要提前做好防範。如果年輕人劈頭就罵三字經，我們該如何是好？不能和對方互罵髒話，只能默默聽對方訓斥的場景，光是想像就讓人害怕。

之所以具體思考這個問題，是因為我看多了年輕人嫌惡老人的目光。近來年輕人對長輩的仇恨或嫌惡，似乎已經達到巔峰。我曾經在地鐵上看見老人喝斥年輕男女讓座時，周遭年輕人充滿恨意的眼神。透過以下案例，就能想像如今社會年輕人如何看待老人。

執意阻攔希望巴士[3]進入釜山，並爬上巴士抓著年輕女孩辮子一陣毒打的，是老人；在街上示威時，在失去子女的世越號遺族家屬面前惡言相向的人，也大多是老人；在年長者

3. 韓國各地團體自發搭乘巴士至現場聲援示威或罷工的抗議方式。

組成的爹娘盟[4]連日舉行太極旗集會時，年輕人眼中看見的是無法無天、惡劣至極的老人。

我曾經看過有老人在地鐵內舉著太極旗，滿嘴菸味地大呼小叫。周遭的年輕男女用厭惡的眼神看著老人，嘴上一邊抱怨「臭死了，噁心的傢伙」，一邊往其他車廂躲避。我至今忘不了他們的眼神。因為這些年輕人的眼神，每當我和白頭髮偏多的丈夫同行時，又或者當我的白頭髮日漸增加時，一想到他們會不會也用同樣的態度看待我，便充滿恐懼。在年輕人眼中，那些老人和我們這對年過壯年的夫妻外貌並沒有多大不同。這是我們開車時特別謹慎的原因。

對老人「一視同仁」的目光

我們社會看待老人有兩個極端的目光。一種是對老人的貶低，將老人視為失去現實知覺、沒有辨別是非能力的人，不是嘲笑老人，就是對老人置之不理、毫不關心；另一種是不帶情感地對老人表達習慣性的尊重，機械式地認為老人擁有生活經驗和智慧。這兩種目光其實同樣無禮、偏頗，不將老人視為活生生的個體。

每個孩子的秉性不同，同樣地，老人也有形形色色的類型，每一位老人都是獨立的個體。

然而年輕人在看待個別老人時，卻認為他們完全擁有老人這個群體的所有特徵，這種目光無論是對老人還是老人以外的其他人，都是對當事人的一種暴力。不將老人視為和其他人維持彈性關係的有機體，而是對老人「一視同仁」，這種目光是對當事人的無禮，也使得當事人的特殊性瞬間消失。

一位在眾人稱羨的公司上班的晚輩想要辭職，但是因為擔心父母失望，至今仍未行動，內心陷入交戰。我問她：

「你是不是把父母想得太簡單了？」

「你是不是用一般的認知來看待父母？」

雖然只是交談中的幾句話，卻讓晚輩發覺自己看待父母的錯誤方式。她不久後決定辭職，然而父母並沒有如晚輩所想的那樣受到衝擊。看著女兒果斷放棄不錯的工作，父母儘管無法理解，卻也有了第一次和女兒長談的機會。這位晚輩是白擔心了。

她的想法是「如果我這樣做，父母一定會那樣想」。父母可能那樣想，也可能不那樣想。

---

4. 韓國親朴槿惠的保守團體，多以太極旗象徵其愛國精神。

隨著現實情況的改變，父母也會主動隨之改變。任何人都不是常數，父母也不是。

存在獲得關注後，才能進入真正的自我生命

在世越號特別法[5]聯署的現場，有一群老人將聯署桌上的一切破壞殆盡，並在世越號遺族家屬面前咆哮。一陣令人心痛的騷動結束後，我有機會和其中一位施暴的老人對話。我沒有問他關於這場騷動的事，而是問他「老家在哪裡」。於是對話內容從他和不久前離世的妻子之間的相處，逐漸轉到了正眼都不瞧他一眼的兒子和媳婦身上。聽著他的人生，宛如被丟在路邊的破敗衣櫃，令我眼眶泛淚。

過了一會，老人冷不防說出這句話。

「我剛才罵那個孩子的媽（世越號遺族家屬），實在丟臉。」

「原來如此。原來您是這麼想的。」我如此回應。

雖然對話目的並不是為了得到他的道歉，老人最終還是道歉了。儘管他的口中沒有說出「對不起」，我依然能從對話中感受到老人心中逐漸升起的歉意。

如果只針對騷動本身追根究柢，通常無法談到引發騷動的真正原因。既然目的不在於和

老人們吵架，不妨和他們談談其他話題，讓他們自然而然反省剛才造成的騷動和喧嘩。所謂其他話題，也就是「自我」的話題，關於自我存在的話題。

自我存在得到關注、受到重視的人，內心將逐漸形成難以言說的安定感。唯有在這安定感中，人們才得以理性思考。先前那位老人出乎意料的理性自我批判，其實也來自於自我存在受到重視後，內心出現的安定感。

要讓那些被動員參加保守團體集會，理所當然地對他人施暴的老人道歉，需要花費多少小時的說服和討論？又或者說服得了嗎？

據說令經驗豐富的搬家工人也傷透腦筋的三角鋼琴，少數專業搬家工人還是能獨自搬運。他們熟知如何將力氣集中在鋼琴的某個施力點，在舉起時才不會失去重心。這是經過長久以來的訓練，全身熟悉了鋼琴的結構和重心後，才能達到的程度。

相較於獨自搬運三角鋼琴，更困難的是撼動時而如銅牆鐵壁、時而如迷霧般的人心。但就像搬運三角鋼琴一樣，知道這一施力點，便能準確撼動人心。這一施力點是什麼？那正

5. 為查明世越號慘案事故真相而制定的法律，二〇一四年十一月七日於南韓國會正式通過。

是一個人做為獨立個體所保有的「自我」。

老人們參加保守團體舉辦的課程，聽著臺上講師說：「這個國家可以發展得這麼好，都是長輩們的功勞。在座的長輩才是真正愛國的人。這一路走來辛苦了。」不禁一陣鼻酸。老人之所以不受控制地施暴，正是在遇見認同自我存在的人（例如保守團體的講師等）之後才開始的。他們內心感受到的溫熱，想必就像久未使用的火炕被點上火苗吧。

然而老人對自己施暴的行為感到後悔，也是在遇見關心自我存在、願意傾聽自己生命故事的人（我）之後開始的。讓看似固執的人改變的施力點，正是「自我」。對於願意理解自己的人，人們必定會做出回應。人類的本質原是如此。

不只是老人如此。得不到學校或父母關注的青少年，或者因為沒考上好大學、沒進入人人稱羨的職場，在兄弟姊妹或同儕間得不到一點重視的年輕人，他們的生命也沒有得到一個獨立個體該有的重視與關注。從這點來看，他們與老人的生命在質的方面並沒有兩樣。

在街上與那位老人對談過後，我與平時一起合作的市民治療活動者展開了一項計劃。我們一起上街尋找老人，集中關注他們的「自我」，傾聽他們的故事。當老人的眼眸中，映照出市民治療活動者的一顰一笑時，那景象猶如和煦陽光從窗外映照進來的好日子。陽光照向老人的「自我」與自我的生命。陽光所到之處，萬物復甦，老人也不例外。他們滿臉燦笑，說自己這輩子不曾這樣聊天。其實他們的生命，也和我們沒有多大差異。

為何人們（無論年輕還是年長）感到痛苦？答案似乎已經呼之欲出。當自我存在獲得關注後，自我生命才算真正開始，而健康的日常生活也即將展開。老人如此，年輕人和孩子也是如此。我是如此，你也是如此。

大家都渴望聽到「你是對的！」

人們被斷水、斷電時，無法維持最低限度的生活品質；氧氣供給中斷時，則無法維持生命。氧氣是維持生命的必需條件。身體透過肺臟從乾淨的空氣中吸入氧氣，再透過血液中的紅血球將氧氣送往全身。紅血球猶如外送員，揹上肺臟吸入的氧氣踏上遠途。它們一一前往身體各處送上氧氣，甚至是末梢部位。紅血球一刻也不休息地工作，是最忠實、最值得感謝的氧氣外送員。一旦紅血球罷工，我們的生命也將結束。

為了維持心理上的性命，有個像氧氣一樣必須持續供給的東西，那就是一句「你是對的」。當這個供給中斷，心理上的性命也將逐漸消失。

或許有人會問：「人當然有正確的時候，不過也有可能判斷錯誤，做出錯誤的行為，怎麼可以說永遠是對的呢？」我在這裡所說的「你是對的」，並非現實層面的對或錯，而是更根本的命題。什麼意思呢？

和父母不合的十七歲A君，每次不想回家的時候，只能徹夜在外遊蕩，四處打電話給朋友。這時朋友總會告訴他：「何必把自己弄得這麼狼狽？回家吧，你這白癡～」正需要清新空氣的A君，想必會覺得忽然被關進充滿廢氣的地下停車場吧。

這時A君需要的氧氣，是一句「你又回不了家啦，是不是發生什麼事了？」這句話的背後，是意識到「這個時間你還在外面遊蕩，一定是有讓你這麼做的原因」，是無條件相信與支持對方：「A不是怪人，不會在深夜做些奇奇怪怪的事」。這句話能帶給A君絕對的安心。人們必須先有「我沒有做錯」的信心，才能思考下一步該往哪裡走；必須先對自我感到安心，才能合理地思考下一步。

「你一定是有非那麼做不可的原因」，這句話才是「你永遠是對的」的本意。這是千真萬確的「跟對方站在同一陣線」，是人類維持心理生命必須供給的氧氣。

站在情感的「同一陣線」

「對方的行為明明莫名其妙，我還支持對方，說『你是對的』，會不會讓對方誤會？他會不會因此自滿，最後犯下大錯？都說『良藥苦口』，還是需要更多忠言逆耳的話吧？」

意外的是，不少人將上述想法視為高瞻遠矚的擔憂。不是的，那只是先入為主認為其他人都是愚昧、膚淺的想法，同時也反證自己的目光傲慢。

人們不會將對方說話的內容當做訊息的全部，而是下意識將話中包含的情緒和前提當做最根本的訊息。聽到對方說「你是對的」，A 君不會認為在家門外遊蕩的自己真了不起，而是知道對方沒有責怪自己，全然接納最真實的自己，從而對自己的存在感到安心。聽見這句話的 A 君，猶如在氧氣稀薄的地方，瞬間大口吸入高濃度的氧氣。人類不是機器，而是相當立體、情感豐富的生命。老年人如此，孩子也是如此。

當一個人在情況危急、力不從心時，最需要的是他人對自我存在的接受，例如「你會那麼做，一定是有什麼原因」、「你是對的」。如果從絕對客觀的態度給予建議或幫助，卻忽略對個人存在的關懷，這個行為就像為缺乏氧氣的人準備豐盛的大餐，不僅沒有必要，也沒有意義。不過是讓需要氧氣的人，打心裡認定「那個人肯定不知道我現在需要幫助」而已。為呼吸急促甚至需要呼吸器維生的人，準備一份調味炸雞，既不能帶給對方幫助，也得不到對方的感謝。

十七歲的 A 君不是沒想過：「這麼冷的天，為什麼我會落到這個地步？」從家裡奪門而出時，確實有非那麼做不可的原因，但是冷靜一想，自己又再一次批判了自己。他之所以需要別人對自己說一句「你是對的」，其實是因為連自己也無法和自己站在「同一陣線」上。

「為什麼我會落到這個地步？究竟為什麼每次都這樣？」這種人格分裂式的思考，發生在大部分的人身上。即使在心裡斬釘截鐵的否定，堅稱「我才不會那樣」，但在實際生活中卻很常發生。因為人類就是如此，所以不得不仰賴外在供給的氧氣，來支撐最低限度的日常生活。

A君打電話給朋友，並不是為了得到建議，而是希望對方和自己站在情感上的「同一陣線」。

「爸媽那樣，你肯定不會想回家的。」如果能聽到這句話，A君必能瞬間獲得力量克服當晚的憤怒和委屈。「你在外遊蕩一定是有原因的。」這句話能讓A君不再遊蕩於家門外，能堅定A君「我沒有錯，我沒犯錯，不是我不正常」的想法，並有效引導他思考下一步該怎麼走。十之八九最後都會回家。

A君遊蕩在深夜的街道上，既不是因為天氣涼爽，也不是為了散步。換言之，在夜晚街道上遊蕩的行為並非最終目的，只要千頭萬緒的想法逐漸平靜後，遊蕩的行為便會如日出後的朝露瞬間消失。既然這個行為是情緒雜亂時的二次產物，如果對方還回答：「這個時間何必把自己弄得那麼狼狽？好好的晚上不睡，幹嘛想這些有的沒的？」無疑將加重遊蕩的行為或對方的不安。其實日出過後，朝露自然會消失。

先說「你是對的」

在生活中，不時會聽見周遭的人說想死或想殺了誰。這時你可能開始緊張了，在那種情況下，還要跟對方說「你是對的」嗎？可以那麼說嗎？當然，可以那麼說，而且也得那麼說。

「我一定要殺了他」、「我想死」的極端情緒狀態，終究也會像陽光下的朝露，消失得無影無蹤。我在溝通、諮詢的場合中，有過無數次這樣的經驗。人類的憤怒、委屈與受傷，都是需要關懷的情緒。只要提供長時間的日光照射，大多數都會消失。聽見對方說「我要離家出走」、「我要辭掉工作」、「我想死」，便立刻回答：「你怎麼可以那麼做？那樣不可以！」這種反應代表沒有完全聽懂對方發出的無助聲音。

這種時候，我總會特別強調：「原來如此。你一定是累到想把這些事都拋開，一定是憤怒到想把這一切都燒掉吧。你會這麼想，都是有原因的。」接著詢問對方：「具體發生了什麼事情，讓你出現那樣的心情？」不管對方是誰，不管是對什麼情況的抱怨，都能發揮效果。

一個人不會沒來由離家出走，也不會沒事尋死，更不會莫名其妙想殺人。在說出那些話之前，他們已經在心裡想過數百遍不該那麼想的原因了。所以無論如何，我總是先肯定他們的心情。我相信出現那種想法前，一定會有不得不那麼想的原因，所以我先說「你的心情是對的」。其他要說的話，都必須在這句話之後。這才是正確的順序，也是對待人心的禮貌。

聽到對方說出一句「你是對的」，那一刻起，人們口中的「我要離家出走」、「我想死」、「我要殺了妳」，將瞬間化為朝露。當你能自然而然對對方說出「你是對的」，就能免於和虛無的朝露做無謂的對抗。

「你是對的。」

乘載著千斤萬斤重的短短一句話，具有改變任何人的強大力量。沒有什麼比這句話效果更好的了。

受慢性「自我」匱乏所苦的人們

某天，參加社群網路成員聚會的好友向我抱怨，聚會上的人都急著誇耀自己，對話就像打仗一樣，一點也不有趣。又不是在上綜藝節目，得和同組來賓互相較勁，爭取發言機會。然而在現實生活中，的確有不少人熱衷於「展現自我」。

就像籃球比賽中，有使出各種高超球技阻擋對手搶球的籃球選手，也有負責搶球的敵隊選手，一旦抓到機會，人們總是想將話題轉到自己身上。在同學會那樣平行的關係中，更是如此。雖然有些人在回家的路上，會對剛才的表現感到後悔，「我今天是不是說太多自己的事了？」但是下次再到那樣的場合，又故態復萌。

發現表現機會來臨的時候，人們甚至無暇顧及禮貌。其實這種過度表現自我的行為，源於沒有得到身為一個獨立個體該有的最低限度的關注與關心，長久以來未受到重視所致。慢性「自我」匱乏，是最主要的原因。

不聞人聲的江南小套房

從數年前開始，「孤獨死等於老人問題」的認知開始被打破。孤獨死是指在沒有得到任何人的照顧下死亡，並在死後一段時間未被發現的情況。然而因這種方式死亡的年輕人，正逐漸增加。以首爾為例，過去青年孤獨死大多發生在考試村密集的冠岳區，如今則轉為江南。為了賺錢湧向江南區的青年，他們大多居住於套房，成了悲劇的主角。

一位深入江南區採訪青年孤獨死問題的記者曾說過，江南區套房密集的地方分明有住人，卻終年不見路上往來的行人，也聽不見人聲。在江北青年聚居的地方，每到夜晚，喝酒吵鬧的聲音常造成不少問題，然而江南套房區卻出乎意料地安靜。住在江南的一位青年低聲說道：「大家根深柢固認為在這裡吵鬧會造成別人的困擾，所以這裡變得出奇安靜。」

聽見這句話，我心中浮現了四、五十年前從鄉下來到首爾打拼，住在有錢人家倉庫當傭人的年輕人。他們白天為主人家做牛做馬，晚上回到倉庫，得安安靜靜活得像不存在的人一樣。過去抹去自己存在痕跡的貧窮人家女兒，竟與今日聚居江南賺錢的青年身影重疊了身影。

這些年輕人在名為江南的巨大豪宅內工作，每到夜晚，就得回到宛如倉庫的小套房內，像影子一樣活著。想到這些擔心自己的存在造成他人困擾、死寂般活著的青年們，就令人心痛。

我曾經看見從江南站出口魚貫而出的人們，臉上全帶著憤怒的表情，令我相當驚訝。一位年輕的上班族女性曾表示，過去在公司保持微笑時，不僅看起來輕浮，也給人缺乏專業的感覺，所以決定不再微笑。因為經常微笑的人，容易被視為工作態度敷衍草率的人。所以，她只能一個人在家看著綜藝節目哈哈大笑。

隨著個人媒體、社群網路的發達，不少人會觀賞網路上同齡人分享的生活點滴，藉此獲得心理上的補償，就像在減肥期間看吃播[6]的人一樣。但是另一方面，他們不免也會產生「那個人的生活真是多采多姿啊」的想法，因而更加自卑。

總而言之，擔心大聲說話干擾他人，或是擔心微笑看起來不夠專業，因而生活過得戰戰兢兢的人，即使感到生命困頓無力，也無法盡情說出心中的苦楚。難道抽離喜怒哀樂等情緒，生活就不再感到煩亂，可以從此一帆風順了嗎？人生不再面臨挫折了嗎？

當然不是。

抽離喜怒哀樂後，生活的終點是什麼？

一個人要過上完整的生活，最不可或缺的功能正是情緒。情緒是個體的核心。一個人的價值觀、氣質、興趣等，是展現一個人之所以為那個人的重要因素，然而這些不過是圍繞在個體周邊的外在因素而已。核心在於情緒。知道我的價值觀或信念、看法，或許就能知道我父母的價值觀，或者我在書中讀到的信念、我的人生導師的看法。但是只有我的情緒，才是「真正的我」。所以被抹去情緒的人，不是「真正的我」。被迫隱藏喜怒哀樂的生命，已經是遠離「自我」的生命。

那些壓抑情緒，被視為透明人的個體，他們逐漸模糊不清的生命終將走向何處？我想那必然是像被消音手槍無聲射殺的人一樣，只能靜靜地倒下。青年的孤獨死，便是這個極端的結果。在消失的前夕，有時個體會出現粗魯狂暴的失控行為。想像一個人被關在氧氣逐漸耗盡的地方，忽然窗戶被打開，立刻開心地大口呼吸的模樣。當一個人的自我逐漸被抹去，

---

6. 指透過直播的方式，看播主吃各種食物並與觀眾互動的影片。在二〇一〇年於韓國開始盛行。

最後表現出來的衝動行為，其實正是生命結束前的吶喊：「我在這裡！拜託好歹看看我，知道我的存在吧！」

平時不管遇到誰，我總會問一句：「最近心情怎麼樣？」不只是一對一見面的場合，多人聚會聊天的場合也是如此。無論什麼場合，隨時都會有機會插入這句話。無話可聊的時候、對話陷入迴圈的時候，都可以來上一句。丟出這個問題後，將會發生令人意料之外的情形，問題前後的對話質量也將出現顯著差異。因為這句話雖然看似不起眼，卻是一句關心對方存在本身的問候。

在現今社會，許多人儘管在心理上已經退到了懸崖邊，卻不敢吭聲，無聲地倒下，這時一句「最近心情怎麼樣」的問候，甚至能達到「心理CPR」的意外效果。這句問候可以發揮的力量，猶如一臺自動體外電擊心臟去顫器（AED）。接受過簡單的心肺復甦術教育的小學生，能夠在路上拯救忽然倒下的成人的性命，心理CPR也有同樣效果。心理CPR非學不可，如此才能拯救他人性命於無形之中。

- 「為什麼我會落到這個地步？究竟為什麼每次都這樣？」這種人格分裂式的思考，發生在大部分的人身上。即使在心裡斬釘截鐵的否定，堅稱「我才不會那樣」，但在實際生活中卻很常發生。
- 當一個人在情況危急、力不從心時，最需要的是他人對自我存在的接受，例如「你會那麼做，一定有什麼原因」、「你是對的」。如果從絕對客觀的態度給予建議或幫助，卻忽略對個人存在的關懷，這個行為就像為缺乏氧氣的人準備豐盛的大餐，不僅沒有必要，也沒有意義。

第二章

心理CPR

當前最迫切需要的救命術

將他人當做空氣的社會氛圍

一名二十多歲的女性遭同居男友殺害，棄屍於某處鄉間住宅的花圃上，過了許久才被發現。她和家人甚少往來，上班的工廠內部規定連續三天未出勤視同解雇，因此發現遺體時，她正處於失業的狀態。在她被棄屍的前幾天內，沒有任何人對她的消失感到好奇。

小時候只要一天沒有到校，老師就會立刻聯絡家長，然而如今這個時代，即使同事失聯好幾天沒出現，也只是從人事名單中將名字刪除而已。雖然每間公司有不同的做法，但是果斷地將一個人名字刪除的行為，怎麼可以出現在一間公司的經營系統中呢？被曾經熱戀的男人殺害，從此離開世界的女人，自始至終沒有被這個社會當人看。

將他人視為幽靈或空氣，似乎已經定型為我們社會體系的一部分。原本只有弱勢族群和窮人被認為是這個不公平社會下的犧牲品，如今情況不同了。不將人看作是一個存在個體並給予尊重的氛圍，正如同霧霾般悄悄籠罩我們整個社會。灰塵所到之處無邊無際，即使人們拉起一條封鎖線，灰塵也不會被關在裡面。其影響力一視同仁。如今即使是富人或掌權者，也無法逃脫如霧霾般籠罩的氣氛。

存在本身不受重視而產生的飢渴與匱乏

以身體來比喻存在本身的話，外表、權力、財力、能力、學歷等條件，是包裹著身體的幾層衣服。仔細觀察那些受到過多關注與注視的人，外界對他的關注和稱讚大多不放在「存在」本身，而是披在他身上的衣服。我們的工作、學位、職業不是真正的「自我」，我們的財富、權力、外表或能力，自然也不是「自我」本身。

所以擁有這一切外衣的人，當他們得不到外界對他們存在本身的關注時，也會出現嚴重的匱乏，甚至更為飢渴。因為旁人認為他們擁有的外在條件太多，將他們因為「存在」本身不受重視而產生的不安或恐懼，看作是「吃飽太閒」的無理取鬧。這使得他們日後陷入更深的心理困境，並為此付出代價。

有的人身處重要影響力的位置上，擁有死前都揮霍不完的財產。一通電話，就有一群好友隨時前來支援；無論參加什麼聚會，總能成為聚會的主角。一言一行、一舉一動，都受到人們的關注。然而即使是這樣的人，依然會感到孤單寂寞。當身旁親近的人都無法理解他的孤單時，將使他感到更強烈的孤單。他可能是某位政治人物，也可能是事業有成的企業家、暴發戶、身處事業巔峰的明星。這種人世界上多的是，帶入任何身分都說得通。有錢人心中這種庶民般（？）的不安和孤單，確實不容易被大眾接受。但，不是那樣的，「關注自我」與「關注我」這是兩碼子事。在關於自我存在的問題上，人類的欲望其實相當公平。

有錢人見到他人，總會反覆確認一件事：這個人是不是衝著我的錢來？在他們心裡，永遠記著這幾句金玉良言：「當我無法像現在這樣揮霍時，人們將不再聽從我的意思行動。」、「那些因為我的影響力而靠近我的人，在我離開現在的位置後，肯定不會把我的話當一回事。」、「因為我擁有的力量而對我好的人，千萬不可以相信。」

白手起家帶領企業衝破數千億銷售額的A君，從創業後至今，沒有一天睡眠超過三小時以上。身為貧窮攤販子弟的他，年幼時看過自己父親做生意不老實，從此在心裡種下「不可以那樣做生意」的想法。當時父親沒有處理好的爛攤子，得由母親和身為長子的自己來收拾的情景，至今仍依稀記得。

他堅持不可重蹈父親的覆轍，如今經營一家規模比攤販大上數倍的公司，身體承受的壓力可想而知。親朋好友見到他，總是對他表示尊敬，稱讚他「真了不起」、「從以前就跟別人不同」，接著話鋒一轉，提到自己最近過得多辛苦，趁勢關說自己子女的求職，又或者拜託對方的公司購買自家產品。

過去圍繞在他身旁的親朋好友，幾乎全是為這種請託、關說而來。某天，他參加親戚長輩的七十壽宴，席間見到了小時候曾經同住一個屋簷下，彼此相差五歲的姑姑。姑姑一見到他，立刻眼眶泛淚，說他以前過得那麼辛苦，現在還經營規模這麼大的公司，肯定非常辛苦。姑姑心疼地問他：「你以前就很聰明，但是胃腸常常出毛病，現在還有腸胃病的困擾嗎？」姑姑甚至抓著他的手，惋惜地說自己之前忙得沒時間照顧他，現在得找時間做他小時候常吃的小菜才行。姑姑是唯一一個對成功的他感到不捨的人。

見過姑姑後，他的心中升起一股言語難以表達的奇妙感受。他期待再和姑姑見一次面，邊吃飯邊敘舊；同時發現目前過得如此辛苦、孤單的自己，其實也渴望得到其他人的安慰。

像A君一樣成功的人，即使經常聽到身旁許多人對他們表達尊敬和感謝，也會覺得沒有人真正關心自己。他們認為其他人真正關心的，並不是「自己」，這令他們時常感到孤單。因此，這些功成名就的人對金錢和權力更加敏感，因為他們知道如果連這些條件都消失，自己便一無所有。他們無法相信任何人，即使見到老朋友，對方也不把自己當成朋友，而當自己是關說或拜託投資的對象，這令他們感到無比心酸。

在這種關係中，功成名就的人儘管擁有大量財富，卻總覺得自己莫名地飢餓，手中抓不著一把米。縱有滿山金銀財寶，沒有糧食依然無法生存，然而，即使沒有黃金，擁有糧食就能生存。如果不明白對存在本身的關注才是生命的核心，不顧一切向前衝，最後必然成為現實生活中毫無用處，只在數位世界擁有一切的暴發戶。外表看似功成名就，實則在金山銀山中懷抱轆轆飢腸倒下。這個情景或許看似黑色幽默，然而在心理學領域中，類似情況多不勝數。

如何從根本上脫離孤獨

有個老人在垂暮之年立了一份遺囑，內容是將自己大部分的遺產，過繼給數年來在病榻旁盡心照料自己的一位女子。偶然得知此事的子女，急忙趕到父親病榻旁。他們以為父親長期臥病在床，導致意識模糊或一時心軟，做出了錯誤的判斷。然而老人絲毫不為所動，他認為相較於健康時圍繞在他身旁的人，在自己沒有太大價值時，願意全心接納自己生病的身體，盡心照料自己生活的看護，才是唯一一個真心接納他存在的人。

比起在自己穿著高級西裝、身居高位或配戴閃亮寶石時，關心自己或認同自己的人，在自己最赤裸的時候，願意尊重自己、真誠照顧自己的人，給自己的感受才是最刻骨銘心的。對我們的存在給予回應的人，才是我們生命中最有意義的人。縱然在不同情況下彼此會有些許誤會與誤解，不過從心理層面來看，這是千真萬確的事實。

唯有遇見那樣的人，人們才能從根本上脫離存在的孤獨，也才能從根本上擺脫存在的不安。如此一來，才能奠定支撐我們繼續活下去的最低限度的穩定基礎。

在社會弱勢族群的街頭靜坐現場，經常可以看見一些同理他們的困境與痛苦，聲援他們立場的市民。一位上班族每天下班後，固定前往靜坐現場，陪伴他們直到深夜，休假或週末甚至全天守在靜坐現場。聽到旁人為自己的工作感到擔憂，他毫不猶豫地吐露自己的心聲。「每次來到靜坐現場，都覺得自己很幸福。」他很感謝眾人，說現場的夥伴總是真誠歡迎自己、笑容以對，所以無論在靜坐現場待多久，他從不覺得疲累。「利他是最好的利己」，這句古老的命題在證明自我存在方面，更是實實在在的真理。

當「自我」逐漸消耗殆盡，需要什麼幫助？

無論是職場生活還是監獄生活，是富人還是窮人，任何人都必須生活在關係中。儘管如此，不管在何時何地遇見了誰，我們很少得到他人對「我」這個存在的關注或關心，這使得人們感到難過。存在本身就像不斷放電而沒有充電的電池一樣，電力正逐漸消耗殆盡。

電力即將耗盡的人，正處於情感極度孤獨、身體完全虛脫的狀態。這種狀態難以存活，也不會消失。今日居高不下的自殺率和處於低谷的出生率，正是一幅赤裸裸展現我們社會與生命漸行漸遠的圖像。

當不安與恐懼、孤獨與虛脫達到頂點時，人們不得不尋求專家的協助。不過我敢說，這些人八九不離十會被診斷為憂鬱症。有時甚至在醫師做出診斷前，病患已經自行診斷為憂鬱症，只是為了拿藥才前往醫院就醫。醫師成了只負責給藥的藥劑師。

即使表現出的症狀類似，但在此之前，每個人的歷史、周遭環境和人際關係等個別脈絡不盡相同。然而一旦被置入憂鬱症這個嚴格的醫學規定之下，個別脈絡將盡數消失，徒留一具憂鬱症的形骸。憂鬱症這個診斷名稱，碾碎了我們的個別性。這個社會將憂鬱症病患視為全然相同的個體，也強調憂鬱症起因於生物學上的原因，即腦神經傳導物質的失衡，於是一視同仁地開給大同小異的抗憂鬱劑。

即使諮詢過專家，他們也幾乎不曾關注或留意病患的存在本身，這正是我們社會的現實情況。那麼我們該如何是好？在個人力量不足以對抗病症的時候，至少還是需要專家的幫助吧？是的。我甚至聽過有人被醫師宣判為「憂鬱症」時，不禁喜極而泣，彷彿第一次見到認同自己傷痛的人。

不過可惜的是，多數時候幫助的效果只到這裡。當憂鬱症控制整個身體時，「自我」將再度退到陰暗處。那麼真正遭遇痛苦時，我們又該到哪裡去向誰尋求幫助？因此，我們首先得拋下這個先入為主的觀念：當我急切需要幫助時，唯有擁有專業證照的人才能給予幫助。如此一來，我們才能看見真正的道路。在此之前，最重要的是知道我所需要的幫助是什麼。看清自己需要什麼樣的幫助後，自然會知道何時、何地，以及如何尋求幫助。

關懷的外包：交到他人手上的心

一位母親收到學校通知，說國二的兒子患有嚴重的憂鬱症。根據學校心理諮商室的說法，該生的憂鬱症測量結果顯示存在自殺衝動的可能，最好尋求專家的幫助。這名母親驚訝之餘，立刻瘋狂搜尋青少年精神科醫師。

在第一次的治療中，醫師表示必須先為孩子進行心理檢查。安排好心理檢查的日子，檢查完成後，又經過十餘日的等待，終於聽到檢查結果。經診斷為憂鬱症，原因正如預期，是父母長久以來的衝突對孩子造成了巨大影響。

由於需要藥物治療，母子倆領完藥後，又預約了下次門診的時間，這才回家。回到家中，孩子告訴母親自己再也不要去醫院，也不想吃藥。

奇怪的是，這段時間孩子的狀況竟稍稍好轉了，過去不曾有過的好心情也開始頻繁出現。他有時會貼坐在母親身旁，有時乖乖將母親準備的飯菜全部吃完，表情也變得柔和多了。

母親原本擔心孩子抗拒治療，然而孩子卻與過去的表現大不相同。看著孩子的轉變，母親覺得自己總算盡了為人父母該盡的義務（帶孩子上醫院、讓孩子接受心理檢查等），罪惡感得以稍稍減輕。於是一天兩天過去，最後決定中斷醫院的治療。

不久後，孩子告訴母親當時的心情。孩子說：「和媽媽手牽手去醫院的時候很開心」、「和媽媽在醫院附近吃的豬排飯很好吃」。當孩子接著說出和母親在醫院門診內的感受時，瞬間打動了母親的心。

原來是母親聽著醫師的診斷，眼眶泛淚、眼眸閃爍的模樣，被孩子看在眼裡了。看見這一幕的孩子，查覺到「啊，原來媽媽是因為我才這麼辛苦的啊」，內心因此安定了下來。換言之，當孩子發現自己是母親眼中重要的存在時，這股信心帶給了他十足的安全感。儘管拒絕了藥物與諮詢治療，這個孩子反倒從母親閃爍的眼眸中看見了自我存在，症狀因此獲得改善。這位母親一邊告訴我當時孩子說的話（感受），一邊淚水撲簌簌流個不停。

最先要見的人不是醫生

那麼，意思是這個孩子不需要心理檢查、藥物治療和精神科醫師，就能完成治療嗎？從結論來說，並非如此。不過比起心理檢查與藥物治療、精神科醫師，還有其他效果更強大的治療劑。例如上述案例，母親的存在本身正是治療劑。夫妻之間長久以來的冷戰，導致母親心裡被完全掏空。就在此時，傳來孩子罹患嚴重憂鬱症的通知，使這位母親轉而將全部精力放在孩子的存在本身。

也許當時醫師的焦點只放在純粹的醫學診斷程序上：先接受心理檢查→結果為憂鬱症→必須吃藥治療，導致醫師也像這位母親過去一樣，沒能即時過多關注孩子的存在本身，而母親也只是對醫師的指引言聽計從。制式化、單向的診療系統本身，可能使孩子承受更強烈的孤獨。

孩子對於不關心自己的存在，也無暇同理自己傷痛的人所給予的協助，表現得興趣缺缺，這是再自然不過的反應。不只是醫師如此，學校輔導老師看見孩子有自殺衝動的徵兆，嚇得趕緊將燙手山芋丟給母親，而母親則忙著尋找更優秀的專家，再次將燙手山芋丟給醫師。在這段期間，輔導老師與母親都沒有看見孩子。

在這種情況下，比起尋找更優秀的專家，輔導老師與母親**最先要見的人應該是孩子**，將目光聚焦在孩子的存在本身。孩子分明已經發出呼喊，表現出自殺衝動的徵兆，輔導老師與母親為什麼不直接問問孩子的感受？孩子的呼喊聽得一清二楚，為什麼他們依然放著孩子不顧，急著向周遭尋求幫助？成語中的「本末倒置」，正是用來形容這種情況。那麼即使不是專家，也可以幫上什麼忙嗎？當然是的。

「聽到輔導老師的話，媽媽真的嚇了一跳。媽媽不知道你過得這麼辛苦，對不起。這段時間很辛苦吧？你現在的心情怎麼樣？」

媽媽必須直視孩子的眼睛，親口詢問孩子的感受。無論是母親還是輔導老師，只要知道孩子正經歷痛苦，任誰都應該優先將目光放在孩子身上，詢問孩子的感受。這是所有大人最必要也最關鍵的反應，然而所有人都跳過了這一步。

正如田裡的辣椒接受太陽照耀而生長，當父母對孩子的存在本身表達關懷與關注時，孩子內在的「自我」自然會做出回應。如此一來，父母將會聽見孩子的「自我」回歸的聲音。那正是心理 CPR 帶來的效果。

面對命懸一線的人，如果不立即實施 CPR，也許在抵達醫院前就可能一命嗚呼。但是面對有潛在自殺衝動的孩子，包含輔導老師、母親和精神科醫師在內，卻沒有任何一個人優先對孩子施予心理 CPR。幸虧這過程中偶然出現的心理 CPR 行為，拯救了孩子。

得知孩子正經歷痛苦的母親，最該做的不是立刻搜尋專家，而是應該詢問孩子的感受。因為這個問題是關於孩子內心的問題，而不是只有專家才知道的特殊心臟疾病或遺傳疾病。母親只要關心孩子的存在本身即可。

「爸媽吵架的時候，你的心情怎麼樣？肯定很難過吧？」

母親必須用這種方式詢問孩子，才能找回自己這段時間錯過的孩子。孩子的自殺衝動不是病毒導致的純粹醫學疾病，也不是一般人無法理解的罕見疾病。那是在日常生活中隨時都有可能出現的衝動。

例如孩子在社區內忽然走丟時，父母應該先設想孩子可能被什麼吸引而走遠，到孩子可能去的地方附近搜尋，而非立刻報警。那才是尋找孩子最快的方法。在孩子走失的緊急情況下，如果有父母選擇了最快的移動方式——搭飛機來找孩子，那該有多愚蠢？搭飛機不可能找到在社區內走失的孩子。只有走進社區，才能找到孩子。

同樣的道理，得知孩子具有潛在自殺衝動時，父母急忙之下確實會想尋找專業特殊的處置方法。面對這種緊急情況，我們大多會根據自己有限的知識來判斷，認為交由專家處理應該會比自己錯誤的理解或恐懼更有幫助。不過事實不盡然如此。對孩子正確的理解與同理，同樣是最專業的處置方式。

如果是一般人無法理解的精神分裂症等精神疾病，當這些疾病患者做出難以理解的行為時，當然需要醫師的專業判斷。但是在家庭或同儕關係中經歷衝突或傷害的孩子，與罹患特殊醫學疾病的病患情況不同。這是關於自己的孩子在生活中經歷的問題，是關於自己孩子內心的問題。

在疾病之外的日常生活中，對一個人最自然、最直接的回應，有時反倒是最有效的治療方式。這種方式能更快滲透人心、貼近人心，知道其威力的人，任何人都會是最優秀的治療師。面對承受痛苦（無論是哪一種痛苦）的人，只要將重點放在他痛苦的情緒上，面對面詢問他的心情與感受，並且一邊聽著他的故事，一邊對自己所能理解的部分給予同理，這才是最有效果的幫助。

孩子因為長久以來自我存在得不到他人的關注、了解，直到被發現時，已經是虛脫無力的狀態。然而孩子身旁的大人卻像是跑大隊接力似地，接連將孩子的痛苦轉交給下一個人。輔導老師丟給父母，父母丟給精神科醫師，精神科醫師丟給藥物治療和下一次看診。這種情形稱為「關懷的外包」。

如果從孩子小時候開始，只有幼教老師才能教導孩子走路，只有在補習班才能學習戀愛的方法，那絕對是天大的錯誤。這種違背常識、不正常的外包行為，將造成人類的不幸。母親看似毫不起眼的外行舉動，才是撼動孩子內心的關鍵力量。母親閃著淚光的眼眸、和母親一起在餐廳面對面吃豬排飯的時光，就像高壓氧氣一樣，讓原本喘不過氣的孩子變得呼吸平順，堪稱是治療效果絕佳的行為。

「死亡衝動」離日常生活並不遠

儘管如此，仍會有人懷疑：「孩子的狀況如果忽然惡化，該怎麼辦？」、「無論如何還是需要專家的幫助吧？」這種不安的情緒背後，隱藏著對自殺衝動的莫名恐懼。因為死亡總在無法預測的瞬間闖入人生，所以令人感到恐懼。也因為死亡經常來得措手不及，使人們一聽到死亡，腦袋立刻一片空白。

稍等一下。請問出現在我們日常生活中的死亡或死亡衝動，難道只發生在憂鬱症等特殊疾病患者身上嗎？難道死亡或死亡衝動只是突發的特殊狀況？而只要有死亡衝動的，都是憂鬱症重症病患嗎？我可以用一句話回答：「不是的。」

生活在韓國這片土地上，並非如表面那樣一派和諧，一切都是你爭我奪，以至於我們對死亡衝動已經習以為常，不幸如鬼影般緊隨在後。過去數十年來，韓國的自殺率已經達到世界前幾名的程度了。每個人身邊不乏一兩位家人或好友，因為自殺或悲劇事故離開人世。

不止如此。人生在世，有時我們甚至會想：「是不是我一個人消失，所有人就會得到解脫？」也或多或少曾經想過：「與其活得這麼累，不如忍受瞬間的痛苦，或許就能永遠解脫了。」

不止如此。即使戰爭不再，在這個和平的時代，有些人即使循規蹈矩地上下班，仍無時無刻不被死亡衝動籠罩。在韓國，即使不是直接從事情緒勞動的工作，一般職場生活也與高度情緒勞動相去不遠。忍受甲方欺壓，逐漸成為社會生活的真實。想想那些在權威主義與家父長制的文化下，在校園或職場上承受著死亡般痛苦的人們。包含我在內，沒有經歷過那種痛苦的人，大概十根手指頭就數得完。

在家庭暴力的陰影下，低聲下氣地活得像囚犯一樣的人，遠出乎我們的想像。他們正生活在水深火熱之中。在我們的社會中，死亡或死亡衝動已經成為生命中習以為常的一部分。

在這種情況下，我們不應該將死亡衝動看作是特定醫學領域的問題，死亡衝動也不只存在於精神科醫師的診斷證明中，它就發生在日常生活中。死亡，經常出現在生命歷經諸多波折之後，而一個人在面對曲折離奇的複雜問題與衝突時，死亡也經常在身旁伺機而動。因此，不考慮個人背後的故事與情況，直接將死亡衝動或死亡想法視為醫學上的疾病，或診斷為生理問題導致的憂鬱症，或單純解釋為健康的身體出現異常物質，這些想法可謂大錯特錯。

當我們面對那些「想死」的人，經常因為無法分辨當事人只是表達自己累得要死，還是自己即將自殺的宣告，對此感到恐懼。其實，沒有人能單純從字面上得知此人偏向何種心理狀態。專家也是如此，必須繼續詢問。在確定對方屬於哪一種狀況前，必須穩住情緒，冷靜沉著地追問，才能知道答案。

如果沒有人願意循循善誘，問出最後的答案，那麼口口聲聲說想死的當事人，也可能搞不清楚自己是累了才說出那樣的話，還是已經瀕臨必須採取極端手段的地步。對他們而言，光是出現「想死」的想法，就足以令自己感到恐懼，使得無助的情緒越發強烈。必須藉由回答他人的問題，他們才能逐漸看清自己的想法。

「好想死喔……」

「連想死的念頭都出現啦？是什麼時候開始的呢？」

「我不知道。（一陣沉默後）好像已經很久了。最近那樣的想法好像越來越強烈……」

「原來如此。從很久以前就開始的話，這段時間肯定過得很辛苦吧。這麼辛苦的日子，你是怎麼撐過來的呀？」

「不是一個人發呆，就是玩遊戲。」

「這樣會覺得比較舒服嗎？」

「好像只有當下覺得開心。如果遊戲玩輸了，反而覺得壓力更大……」

「這樣啊。所以最近才會那麼沉迷遊戲呀。因為你覺得累了，所以想玩遊戲，但是爸媽卻不明就裡地對你嘮叨，要你別再玩遊戲對吧。最近什麼時候會有想死的念頭呢？」

雖然一開始問的是當事人想死的心情，但是在對話過程中，也會自然而然聊起死亡衝動背後的日常生活。像這樣，我們可以先對當事人的生活表示實質關心，接著再連結他的日常生活和他「想死的念頭」，提出想進一步了解的問題。

最重要的不是問什麼，而是當對方透露出想死的心情時，別讓對方的痛苦得不到任何重視或被忽略、漠視。

當某人說想死時，人們總以為太詳細詢問這個念頭的成因，會造成對方二度傷害。其實不然，完全相反。身處痛苦之中的人，最迫切需要的正是這些關心的話語。當我們表現出強烈的痛苦時，如果有人關心我們當時的心情和情況，並詢問我們的感受時，安慰和治療便已開始。問什麼並不重要，而是「有人願意關心我，對我的心情感到好奇」這個事實本身就是治療的行為。

在尋求專家協助前，這個行為已足以積極保護當事人。在某些情況下，光是介入的行為，就能在沒有專家的協助下拯救當事人的性命。

別太依賴專家

如果國中二年級的兒子和母親忽視那些有助於改善症狀的日常行為，例如兩人往來醫院時，從彼此眼中看見的信任；面對面牽起對方的手時，感受到的掌心溫度；一邊分享彼此的冰淇淋，一邊閒話家常時的共鳴，以及在這過程中自然而然修復的母子關係、親子之愛與同理，那麼再專業的治療也只是徒勞。

忽視日常生活中的行為或平時的交流，只想依靠專家的治療，這種行為稱為「關懷的外包」。例如家有嚴重急性氣喘子女的父母，身上必定隨時準備噴霧劑（急性氣喘發作時，有助於維持呼吸的噴霧型藥劑）。當緊急狀況發生時，不必立刻送往醫院或呼叫救護車，只需要父母和孩子一起調整呼吸。

只要事先了解急救方式，在生活中養成立即處置的習慣，那麼即使發生緊急情況，也不必交由專家處理。這樣的習慣反而更安全。

把關懷外包將會帶來什麼樣的後果？當我們生命中的痛苦與孤獨，被醫師用「憂鬱症」的診斷結果打發時，那一瞬間存在本身將消失殆盡，從此與憂鬱症患者等同視之。受盡痛苦的折磨時，人們最需要的是情感上的同理，然而被視為憂鬱症患者的那一刻起，旁人只會與自己保持情感上的距離。當一個人在情感上需要他人的同理充電時，卻被迫接受服用藥物等高度專業的治療，那麼當事人恐怕會死得不明不白。

當我們以為專家是解決混亂與痛苦的最後一處依靠，全心仰賴專家的幫助，後果卻是更加孤單、痛苦時，我們最終將完全放棄自己。換言之，錯誤的專家系統直接導致人們自我放棄與強烈的無力感。「憂鬱症」的診斷結果，反倒為當事人帶來更大的威脅，這不是很諷刺嗎？

當矛盾與痛苦如飢餓感般定期找上門時，如果我們連解決這個問題的最基本方法都不知道，我們的生活將逐漸變成一灘爛泥，最後過著行屍走肉般的人生。精神醫學科對憂鬱症的診斷，正破壞我們社會長久以來天然形成的健康且自然的治療方式。醫學診斷儘管有所幫助，卻也會帶來副作用。

比起精神科醫師所能回答的問題，造成我們生命痛苦的原因更多，也更複雜。

憂鬱是生命普遍的原色

那個人獨自照顧孩子至今不過幾個月，臉上的笑容逐漸消失。不但不滿意我的一舉一動，甚至變成討厭我的存在。在那個人身旁，我也感到非常心痛，變得越來越憂愁。但是在我知道那個人為什麼變了、為什麼那麼辛苦之前，我選擇一再容忍。

有一次，我小心地問那個人：「你太辛苦了，像是得了憂鬱症，還是心理生病了，要不要去醫院看看，拿些藥回來吃？」結果那個人對我發脾氣，說自己不是憂鬱症，反倒怪我下班回家都不幫忙，家務事也做不好，看著就煩。那個人覺得我沒有反省自己的錯誤，卻急著將對方當成是憂鬱症患者。我想再說下去也只是不歡而散，便沒有繼續說話，但是如今回想起來，依然後悔當時沒有說服那個人去接受諮商或治療。

上文節錄自一對年輕夫妻的育兒日記。看似以丈夫的口吻，描寫太太沒有丈夫的幫助，獨自照顧孩子，又受到產後憂鬱症所折磨的生活，然而實際上恰恰相反。這段文字摘錄自前議員張荷娜投稿在《韓民族》日報上的一篇專欄文章。張荷娜是一名女性議員，她以青年比例代表當選第十九屆國會議員。張荷娜筆下描寫的，正是她在結束產假後，回到國會的工作崗位上，而她的丈夫開始獨自照顧孩子的這段艱辛歲月。育兒日記中出現產後憂鬱症症狀的人，正是張荷娜的丈夫（我刻意將上文的「丈夫」改為「那個人」）。這篇文章接著寫道：

如果把產後憂鬱症的原因，歸結於產婦荷爾蒙的劇烈變化和身體上的變化，那麼杜里爸（張荷娜的丈夫）經歷的痛苦便難以解釋。產後憂鬱症的出現，不只是因為生理上的原因，也因為育兒造成的疲勞、睡眠障礙、壓力等生活上的變化與心理上的原因。根據福祉部「國家健康情報入口網站」資料，百分之八十五的產婦有過輕度的產後憂鬱，而百分之十到二十的產婦曾出現重度的產後憂鬱症。換言之，杜里爸所經歷的感受，其實是大多數母親的親身經歷。

不得不獨自照顧孩子的處境，以及缺乏他人心理關懷的日常生活，是杜里爸出現產後憂鬱症的原因。產後憂鬱症是女性生產後的荷爾蒙變化造成的生理疾病，但這裡並不適用於杜里爸。在獨自照顧孩子的環境下，男性也會出現產後憂鬱症，顯然與女性荷爾蒙的問題無關。

現代精神醫學擅長利用各種研究和實驗，將許多社會結構性問題造成的個人心理異常，歸因於生物學上的失衡。面對人類內在摸不到、參不透的奧妙宇宙，精神醫學卻試圖用血清素等幾種神經傳導物質來簡化問題。

想像一下，如果完全去除憂鬱症這類疾病，將會發生什麼事情？雖然憂鬱症衍伸出的醫療產業和製藥產業，已經達到天文數字的規模，難以想像消失後的情景，不過光是想像這個問題，就足以讓我們有某些東西失而復得的感覺。從某方面來看，也許憂鬱症等疾病名稱消失後，會有更多將人們從痛苦之中拯救出來的方法如雨後春筍般出現吧。

如果說杜里爸的痛苦不是產後憂鬱症，那該用什麼疾病來稱呼？我認為這個問題本身就錯了：杜里爸的憂鬱不是疾病，那不過是我們生命中的一個片段而已。

憂鬱和無力感即是生命本身，而非疾病

人心和情緒猶如自然現象，有時寒冷，有時炎熱；有時晴時多雲，有時刮起強風；有時無預警發生地震，有時忽然掀起海嘯，在風平浪靜後，天邊又掛起一彎彩虹，彷彿一切都不曾發生。要說這個世界上最善變的，莫過於天氣了。上一秒還是豔陽天，下一秒也許高氣壓遇上低氣壓，天空立刻降下暴雨。

這種改變與變化，都是地球和大氣的自然運行所造成。颱風或海嘯雖然可能將人類的生活破壞殆盡，不過這並不是地球生病了。就像身體感到寒冷會發抖、感到炎熱會流汗，既不是錯誤的反應，也不是身體生了病。汗水或冷顫也許會帶來不便，不過不必服藥治療，這只是身體為了維持適當的溫度，經過判斷後做出的反應而已。

情緒也是如此。悲傷、無力和孤單等情緒，也類似於天氣。人類變化多端的情緒並非疾病的症狀，而是個體展現自我生命或內在的自然反應。憂鬱感則是人類站在看似無法跨越的高牆前，所感受到的情緒反應。人類的生命面臨了死亡的高牆，以及一天只有二十四小時的時間限制的高牆。更正確來說，人類的生命即是高牆。從這點來看，所有人類本質上

都是憂鬱的個體。

因此憂鬱不是疾病，而是生命普遍的原色。又或者說憂鬱本身不是病，**憂鬱即是生命本身**。儘管如此，有時我們仍無法擺脫憂鬱的枷鎖，覺得怎麼也看不見盡頭，似乎將困在憂鬱的監牢終老一生，舉目四望無際，茫然無助；也有許多時候我們無力獨自面對一切，這都代表我們得接受幫助。這時我們真正需要的，是最貼近日常也最能幫上忙的幫助。

一位拼命做到大企業CEO的男子，在退休後身體開始衰退，變得易怒。當事人也很清楚自己有被害妄想，對微不足道的小事變得非常敏感。他開始運動，也報名中文補習班，試著擺脫這種無力感。即使隔天沒有其他行程，他也習慣睡前將鬧鐘設定在五點，一如他退休前的生活。他說擔心自己鬆懈下來，才會那麼做，然而他的妻子在一旁使眼色說道：「他退休後得了憂鬱症。」

他的無力感是來自退休後的憂鬱症嗎？是必須解決、克服的難題嗎？不是的。那不是必須克服的對象，他的無力感不是因為無法適應退休後的人生，從而產生的病態情緒，而是要學著在生命中與之和平共處的重要情緒。

退休後如果沒有那種情緒，反倒是不正常的。如果有人在退休後，依然像過去一樣充滿幹勁和活力，我會非常擔心這個人。就像為香腸添加過量的防腐劑，使香腸不至於腐敗一樣，若有誰刻意阻擋「退休」這個生命自然發展的過程，最終將自食惡果。換言之，若有誰不斷推遲生命終究得面對與接受的重要課題，這個人將付出連同利息在內的殘酷代價。退休後的憂鬱與無力感，是人們不可或缺的情緒反應，甚至在某方面來說是正面的信號。

在韓國，大多數的職場生活忽視每個個體的立體形象與多重角色。個人只能迎合公司的需要活成一個工具，所謂「社會上的成功」，不過是壓抑個人的結果而已。在這種生活的盡頭——退休，是一口氣釋放長久以來被壓抑的身體的重要事件。說得誇張一些，就像受刑人被關在監獄大半輩子，當出獄的那天，會被刺眼的陽光照得睜不開眼睛一樣；也像原本二十四小時過著既定生活的人，某天忽然可以任意走向四方，可以在任何時間吃飯、任何時間就寢一樣。從這一刻起，人們才算是真正回到了自我生命中。

然而對於關了大半輩子、剛出獄的受刑人而言，這個世界充滿未知與恐懼。他們心中的無力感和憂鬱、被害妄想等，也是退休者會有的情緒。憂鬱和無力感是如實反映心理狀態的一面鏡子。換言之，那時的無力感和憂鬱正是一個信號，告訴自己現在該是好好坐下來審視自我生命的時候了。

剛從監獄出來的人，他們眼睛的虹膜發揮類似光圈的效果，首先阻擋瞬間射入眼睛的陽光；同理，無力感和憂鬱則是告訴當事人，短時間內先試著接受大量的時間和自由、刺激。「不必急著到俱樂部或補習班尋找新的活力，讓自己稍微停下來吧。」內心透過憂鬱和無力感所要告訴我們的，正是這一句話。

藉由這種方式，情緒將我們帶往真實的世界（Real world）。在真實世界裡，我們可以看見最純真的自己。「我也會有那樣無助的時候呀」、「原來我也有欠缺計畫，什麼都控制不了的時候啊」、「原來我也是那樣的人」，隨著這些想法的浮現，對生命的現實感將會一點一滴回來。最先進入我們眼中的，自然是身旁的家人。接著我們將會開始思考我是誰、我之於家人是什麼樣的存在、過去我過著什麼樣的生活、家人之於我又是什麼樣的存在。脫離螺絲釘般的生活後，人們才有機會看見「自我」。這是生命中的一大喜事。

在這個過程中的心理狀態，自然是無力感和憂鬱等情緒。踩在這個情緒的踏腳石上，我們開始有所覺悟。這個無力感告訴我們，過去自己總是閃耀光芒的生命，其實只有一半而已。當思考與判斷都無法如此深入窺探自我時，情緒將我們另外一半的面貌原原本本表現出來。這正是情緒所能發揮的力量。在職場生活中，人們不曾發現自己過著脫離日常、脫離人類的生活。直到退休後，才真正看見自我生命，而這段生命將伴隨著無力感與憂鬱展開。

朋友年逾九旬的老母親跌倒，導致骨盆與大腿骨骨折。朋友一邊說平時開朗的母親最近常提起死亡的話題，一邊問我：「我媽好像得了憂鬱症，要吃藥比較好吧？」

我反問朋友。「九十多歲的老母親躺在病床上，主動聊起死亡的話題，這算哪門子的病？如果在那樣的情況下，放棄活下去的念頭，只是被動接受治療，那反倒是不自然的、奇怪的事，不是嗎？當你母親聊到死亡的話題時，你不妨問問她：『媽，你覺得死亡離你很近嗎？』、『媽，你害怕死亡嗎？』、『媽，最近常常想起誰呀？』這些提問引出的故事，將會給你和媽媽兩人帶來一段幸福的時光。」

這種擔心母親內心越來越脆弱，不知該如何是好的憂慮，這正是成語所說的「杞人憂天」。母女倆手握著手，坦露心中對死亡的恐懼和對生命的惋惜、懊悔，這個過程就是治療與穩定的過程。相比之下，找陌生的精神科醫師，服用抗憂鬱劑，在朦朧恍惚間離開人世，不是更令人鬱悶、遺憾嗎？為什麼要將這種情緒稱為憂鬱症，並且外包給醫師負責？

無論是老母親關於死亡的話題，抑或是退休後的憂鬱，都不是應該克服的對象。那反倒是讓我們跟上自我生命的旋律，隨情緒波動起伏的時機。

所有情緒都是生命的指南針

現代精神醫學正鋪天蓋地的洗腦大眾：「生命中許多可預期的問題，都是因為體內化學失衡導致的精神障礙，只要吃藥就能解決。」在這種宣傳方式奠定的知識基礎與硬體設備上，醫療產業成為了無可匹敵的「進擊的巨人」。

父母失去子女的傷痛，怎麼能說是憂鬱症？當一個人被宣告癌症末期，他的不安和恐懼為什麼是憂鬱症？退休後的無力感和厭煩、被害妄想等情緒，怎麼也成了憂鬱症？把孩子在學校被排擠時的憂鬱和不安，歸咎於腦部神經傳導物質的失衡所造成的憂鬱症，這樣的專家既無情且缺乏責任感。這些情緒都只是生命中經常遭遇的日常課題，也是必須在旁人的協助下一同跨越的生命難關。任何人都有可能面臨無法獨自跨越的陡峭山崖，比起盲目尋求專家的幫助，更應優先做好心理準備，思考以何種態度面對挑戰，才能讓我們的生命更加穩定。

世越號悲劇發生當時，大量義工源源不絕湧向珍島、安山、木浦，他們說的話幾乎如出一轍。

「沒有什麼我能幫上忙的地方，覺得好無力，也有很深的罪惡感。」

這些人的無力感或罪惡感，難道是失敗者的情緒嗎？不是的。當年這些承受巨大創傷的世越號遺族家屬，之所以能夠堅持下去而非選擇自殺，正是因為大量市民的強烈無力感和罪惡感所形成的治療氛圍，給了他們許多可以依靠的地方。

最後將世越號牽引至陸地的力量，想來也是許多人的無力感和罪惡感所凝聚成的憤怒，形成了最根本的動力。儘管朴槿惠政府與媒體聯手，不斷在受害者的傷口上灑鹽，受害者依然能咬牙堅持下來，背後正是因為市民們強烈的無力感與罪惡感所營造出的氛圍，猶如天使般守護著他們。雖然我們除此之外一無所有，但是這股力量正是得以將慘無人道的政府拉下臺的關鍵力量之一。

表面看來，罪惡感與無力感似乎只是虛耗個人精力的無用處情緒，然而事實並非如此。自有歷史以來，這些情緒便具備足以撼動整個社會的強大威力。罪惡感與無力感的總合，形成了推動社會的力量。

我們在日常生活中產生的所有情緒，都是生命的指南針，而非藥物能夠任意去除的無關緊要的渣滓。以藥物克制情緒的同時，生命的指南針與燈塔將隨之崩塌。情緒正是自我存在的核心。

「自我」越模糊，越急切追求存在的證明

要一個得不到任何關注的人努力活下來，無異於讓他生活在沒有氧氣的地方，絲毫沒有存活的可能。身而為人，至少得有一個人關心我們的存在本身，我們才活得下去，這是生存最基本的條件。這個關心無關我們的實力高低或才能出眾與否，也無關我們是否有過人的智力和亮眼的外表。之所以任何人都需要一段不在乎利害得失、能無條件給予關愛與支持，像家人一樣的關係（當然，符合這個條件的不一定是家人），或者至少意識到我的存在的人，原因也在於此。

如果有人在表現「自我」，好比個人情緒、個人主張、個人想法時，總是被硬生生打斷，或只被當做空氣般對待，他的生命必然就像電力只剩百分之三，即將進入關機狀態的手機。當然，從壽命即將結束這點來看，人命和電池兩者是相通的。不過手機等電子產品即使電力耗盡，也只是平靜地停止動作，然而人類不同。

恐懼「自我」即將消滅的人，必定用盡各種手段與方法阻止生命走向盡頭。他們或不顧一切證明自我的存在，或賭上整個生命，因為這是生命最後的本能。有人甚至以僅剩百分之三的電力，奮力挑戰一個需要百分之三十電力的行動，導致僅剩的電力瞬間耗盡，生命化為灰燼，令人惋惜。

能量即將耗盡的人，會更積極展現「自我」

偶爾會聽見某人在面臨心理困境時，仍選擇奮力一搏，盡情燃燒生命，卻在某一刻選擇自我了斷的故事。面對這樣的消息，人們總是難以置信，甚至陷入混亂與衝擊之中。「他原本是充滿生命鬥志的人呀……。」、「他之前可是為新的計畫做好了萬全準備耶……。」在他們的行為背後，存在著一個人們怎麼也想不到的原因：當「自我」越萎縮、越模糊時，人們總會想建構一個更偉大、更優秀、更強壯的「自我」，為此付出所有一切，即使賭上性命也在所不惜。

得不到飲用水的人，即使是汙水也得喝。就算可能腹瀉，那也是之後的事了。因為如果不喝汙水，甚至或許撐不到腹瀉那時。當人們發現「自我」正逐漸模糊消失時，為了證明自己的存在，可能會挑戰自己不敢做的事，甚至出現暴力行為。看看那些對社會弱勢族群連珠炮般惡言相向、拳腳相向，最後被警方逮捕的 ilbe[7] 會員，都是一些被社會孤立、活得自卑委屈的人，這些人都是在日常生活中得不到任何人關注的脆弱個體。

他們脫序的行為，令警察、受害人疲於奔命。在他們的世界裡，以為自己越是做出致命的言語攻擊或惡意的行為，越能得到他人的認同與歡呼。於是他們只能在自己的世界裡，不計一切代價證明自己的存在。這群人正集體喝下汗水，苟延殘喘地延續自己僅剩百分之三的存在感。然而他們卻沒有察覺自己的行為造成了他人無法抹去的傷痛，甚至是可能奪去他人性命的犯罪。

數年前，德國之翼航空公司的副機長盧比茨，趁著機長上廁所的空檔，從駕駛室內將門反鎖，並故意使飛機墜毀。此一慘烈的事故，導致包含盧比茨本人在內共一百五十人喪生。在事故發生後的調查過程中，發現一手主導該事件的人正是盧比茨。眾人無不感到錯愕。為什麼會那麼做呢？

7. 為「日間最佳網文儲存所」的縮寫，是韓國歧視女性、外勞等極右翼份子活動的網路論壇。

分析結果一如預期，憂鬱症是主要原因。盧比茨確實曾經因為憂鬱症接受治療，但是憂鬱症並非會使人故意殺害一百五十人的疾病。儘管如此，醫學界仍將日常生活中承受壓力的人或嘗試自殺的人診斷為憂鬱症，也草率地將殺一人或殺一百五十人的人同樣診斷為憂鬱症。

儘管德國航空公司主張過去在選拔機師時所實施的考核，由於有侵害私生活的疑慮，並未進行更深入的精神病歷調查，不過在盧比茨事件後，這樣的說法逐漸失去了說服力。然而我認為，在我們將這次悲劇的主因歸結為憂鬱症或精神疾病，並就此展開評論前，仍有一些問題需要釐清。各位或許會感到訝異，不過這其實是非常基本的問題：盧比茨罹患的疾病是憂鬱症嗎？是否真有精神醫學上的診斷名稱，可以概括像盧比茨這樣的心理狀態？

逐漸淪為疾病大雜燴的憂鬱症

事實上，目前醫學界經常草率地判定患者為憂鬱症。做為常見的精神官能症之一的憂鬱症（低落性情感疾患），必須滿足以下的標準：一整天感到憂鬱的情形持續兩年以上，且符合以下六點中的兩點以上，即為憂鬱症。

1. 失眠或嗜睡
2. 食欲不振或食欲異常增加
3. 缺乏體力或疲倦
4. 缺乏自信
5. 注意力不集中或容易猶豫
6. 感到絕望

這是《美國精神疾病診斷與統計手冊（第五版）》（*Diagnostic and Statistical Manual of Mental Disorders, Fifth edition*, DSM-5）的標準。幾乎全球的精神科醫師及研究人員，都將這套診斷標準奉為聖經，韓國醫師也都根據此標準診斷及開出診斷證明書。

然而即使是同樣被診斷為憂鬱症的人，許多時候他們除了外顯症狀外，並沒有其他特別的交集。這是當然的。診斷標準本身是基於外顯症狀的相似性所制定，與可能造成疾病的心理因素或性格特徵、恐懼等並無關聯。可惜的是，目前並沒有能再次確認憂鬱症的腦生理學、生物學、影像診斷學等檢查方法。

以胃癌為例，必須透過組織檢查檢驗出癌細胞後，才能做出最後的診斷。單憑消化不良、體重減輕等表面的症狀，無法診斷患者罹患胃癌，並給予抗癌藥物。因為類似的症狀可能出現在罹患胃癌的人身上，也可能出現在其他胃腸疾病上，甚至心理疾病也可能造成類似症狀。單憑症狀便判定為胃癌，有可能造成胃潰瘍患者被迫服用胃癌抗癌藥物的情況。若是如此，患者肯定會很驚慌吧？

如果是這種診斷過程呢？發現肝出現腫瘤後，醫師會先檢查腫瘤的性質。如果是癌症，那是惡性腫瘤，還是良性腫瘤？如果不是癌症，那是血管瘤，還是肝吸蟲等寄生蟲造成的腫瘤？腫瘤必須確實做好檢驗，因為腫瘤類型的不同，治療方式也不同，日後的照護方式也千差萬別。

但是，現代精神醫學卻只根據外顯症狀做出診斷，並且建立了一套診斷系統，使得任何其他因素都無法影響診斷結果。只要外顯症狀相同，就看作是相同的疾病。失業者的憂鬱是憂鬱症；失戀者或失去子女的父母，他們的憂鬱也是憂鬱症；殺害一百五十人的人，只要滿足以上診斷項目，也同樣是憂鬱症。在判斷是否為憂鬱症時，醫師既不詢問起因，也不追究原因，只以外顯症狀為主要依據；而在確診後，又忽然宣稱憂鬱症是因為生物學上的異常導致，將整套治療完全交由藥物治療。當然也有人在藥物的幫助下，感覺症狀明顯改善，但是藥物沒道理負責憂鬱症治療的整個過程。

現代精神醫學幾乎淪為健康檢查表式的醫學，不僅充滿矛盾，也是一場悲劇。過去曾有一段時間，人們將憂鬱症稱為「心靈的感冒」，任何人只要接受簡單的治療就行，近來則將憂鬱症稱為「心靈的癌症」。感冒和癌症怎麼能看作是相同的疾病？若是如此，憂鬱症的治療應該遵循感冒的治療方式，還是癌症的治療方式？

最能極大化自我存在感的方法

調查德國之翼墜機事故原因的相關專家們，在盧比茨的憂鬱症治療病例公開後，紛紛鬆了一口氣，似乎終於找到盧比茨殘忍行為的背後原因。而整個社會也一窩蜂討論機師的錄用問題，例如哪些精神疾病和治療經歷可以被接受，彷彿這是防止事件再次發生的關鍵。當我讀完德國與美國心理學界與該事件相關的論文，以及德國當地對於該事件的深入報導，心裡開始出現了稍微不同的想法。

在我看來，盧比茨面對電力只剩百分之三的自我，開始對自我的消滅感到恐懼，卻又幻想出一個不真實的、已經充電到百分之一百五的自我，準備大顯身手一番。在事件發生不過幾週前，盧比茨買了兩輛新車給自己和女友。這應該也是以僅剩百分之三的電力，挑戰需要更多電力的行為。

在旁人的記憶中，盧比茨是一個好人。同事說他不是會輕易說出「我想死」的人；從小看著他長大的鄰居，也異口同聲稱讚他是人見人愛的孩子。儘管如此，在事故發生前不久，盧比茨曾告訴女友：「我總有一天要改變所有的體制，而且全世界都會因此知道我的名字。」

無論真正的動機是什麼，這次事故也許是逐漸喘不過氣的盧比茨，試圖向全世界證明自我存在的最後一次反擊。從結果來看，他確實將自己的名字永遠留在世界上了——如汙水般的臭名。

根據事故發生後揭露的消息，當時盧比茨視力正逐漸惡化，已經達到幾乎完全喪失視力的程度，他每天生活在可能要放棄機師工作的恐懼中，並深受折磨。當然，盧比茨所經歷的自我消滅的威脅，也許並不僅止於這些。只是盧比茨已經不在人世，他私生活中最隱密的內在樣貌也已無從得知。儘管如此，對於這個慘烈且難以接受的事故，醫學界只是單純地歸因於憂鬱症，這點我個人感到非常懷疑。

當自我存在即將消滅之際，可以最快速證明自我存在的方法，便是暴力。暴力是最能極大化自我存在的方法。一旦成為所有人眼中的暴力份子，這些人將能在他人極大的恐懼中，看見自己正急速膨脹的存在感。

那麼，面對「自我消滅」頻繁發生的現代社會，我們又該如何是好？

讓逐漸消失的「自我」重生的心理CPR

忽然發現某人失去意識倒地，心臟停止，該怎麼辦？

——將雙手放在此人的胸口中央，規律施以按壓，直到對方心臟重新恢復跳動為止。

如果發現某人的「自我」正逐漸模糊，幾乎快要消失時，該怎麼辦？

——對此人的「自我」施以按壓，直到「自我」明確恢復為止。

我將這個方法命名為「自我」復甦術或心理CPR。簡單來說，就是完全聚焦於某人的「自我」，對「自我」準確施予刺激，使其自然說出「自我」。那麼，想要在對方「自我」消滅的前一刻施予壓力、刺激，使對方說出自己的故事，該怎麼做才好？

「最近心情怎麼樣？」

在某次聚會上，我和一位笑容滿面的三十歲出頭女子對面而坐。她不但談笑自如，又能帶起聚會歡樂氣氛，身旁的人也立刻對她產生了好感。我也不例外。雖然她的笑容給人習慣反射的感覺，不過她本身確實充滿魅力。

在眾人聊得不亦樂乎之際，正好有個空檔，我問她：「最近心情怎麼樣？」她並不知道我的職業。外表稍顯貴氣的她，立刻挺起身子，「其實呀，」她接著說出一件令人意外的事情，「四天前我曾經嘗試自殺。」我原以為她只是說說，不料竟是事實。

那一刻起，我全神貫注聽著她的故事，眼睛一刻不曾離開她。在她繼續說明的同時，我一邊發出「所以才會想自殺啊，唉唷」的低聲回應，一邊繼續詢問她試圖自殺當時發生了什麼事、那件事帶給她什麼樣的感受等。我發現她開始放鬆身體，像是倚著靠枕，將自己交給我專心傾聽的眼神和低聲回應。聚會上的其他人雖然同樣感到慌張，卻也被她的故事所吸引。

當下不需要特別的安慰或建議。在那之後，我和她見了兩三次面。雖然她個人遭遇的困難尚未結束，不過她已經放棄自我了斷的想法了。她正默默接受發生在自己身上的困頓與殘酷，一步步通過考驗中。

實施心理CPR的正確位置

心肺復甦術是只專注於心臟和呼吸，無關心臟以外器官的急救措施。因為只要心臟恢復原本功能，就能帶動身體其他功能的連鎖反應。心理CPR也是如此，心理CPR只專注於「自我」本身。對心臟施予按壓時，必須先將厚衣服掀開，去除身上的飾品後，將雙手放上胸口中央的正確位置；而在實施心理CPR時，則是將看似自我而非自我的外在事物掀開，對準「自我」的位置施予強烈的刺激。

但是「自我」的本體在哪裡？當別人都羨慕我的時候，我一方面內心感到不安和孤獨，一方面又擔心這種對「自我」的懷疑可能被別人當做「吃飽太閒」。這種時候，我真的沒問題嗎？這種時候，我的想法是正確的嗎？又或者我的情緒是對的嗎？

情緒永遠是對的。「自我」存在的核心，正是我們的情緒、我們的感受。想要確認「自我」的狀態，最正確的方式是順從我們的情緒、感受。是否有必要執行心理CPR，也應根據情緒來判斷。

當天我所問的「最近心情怎麼樣」，正好瞄準了那名女子「自我」存在的核心位置。這句話既不是對「職業和氣質令人稱羨的黃金單身女」丟出的問題，也不是對「美貌與魅力兼具的年輕女性」的客套問候。這個問題不是針對附加在她的存在之上的光環（例如外貌或學經歷等背景）所丟出的應酬式的問候，而是將她當做脫下所有外在的自然人，針對她的存在本身（尤其是位於存在核心的情緒）所給予的關懷與問候。就像將雙手按在胸口中央的位置上，這個問題直接瞄準了她的存在本身。

那裡正是實施心理CPR的正確位置，只要聚焦那個位置即可。當旁人的眼睛像導彈一樣瞄準她的「自我」本身，關心她「自我」的安寧，她的「自我」便會立刻作出回應。如此一來，她原本深陷混亂之中的「自我」，將會重新回歸正常，好比原本心律不整的心臟回到穩定的脈搏。唯有專注「自我」，才能真正談論「自我」。

從那一刻起，她開始毫無保留地說出關於「自我」的故事。什麼是「自我」的故事？聽到面試官詢問工作或職業、畢業學校、家人時，面試者回答的內容就是「自我」的故事嗎？那是關於存在本身的故事嗎？當然不是。

比起個人的職場大小事，個人在職場上的感受更接近「自我」。一個人的興趣和嗜好，相當於穿在身上的衣服或飾品，無關存在本身，而我們的見解或信念、價值觀也是如此。我們在他人面前表達個人見解、信念和價值觀，其實大部分都不是從「自我」而來，而是從其他地方獲得的。看似為自我，實則並非自我本身。

那麼關於個人受到的傷害，與「自我」存在本身有關嗎？有時候是，但多數時候不是。我聽過許多人說起自己受到的傷害，他們會說「我是因為小時候沒有得到媽媽的愛」、「我是典型的二度傷害」等，但是這些其實是輾轉從認識的諮詢師那邊聽來，或是從心理相關書籍上讀到的關於自我的分析與解釋，糊里糊塗地套用在自己身上。那些只是關於傷害的理論或某人的看法，非關傷害本身。

存在本身所經歷、感受的傷害，無法那樣標本化，也無法予以定型。關於自我存在的故事，永遠是活生生的，而在此之中的情緒與色彩、波動、曲折，也瞬息萬變。

嚴格來說，從小在家庭暴力下長大的人，當他們說出過去難以啟齒的私密故事時，那可能不是關於存在本身的故事。當年被父母打罵的孩子心中感受到的無力感或恥辱，才是最接近存在本身的故事。因為受家庭暴力折磨的孩子心中的情緒，可能在長大成人後轉變為憤怒或無力感。唯有深入回想當時的情緒並勇敢說出來，那才是關於存在本身的故事。**比起受到傷害的具體內容，當事人對傷害的態度與感受才是關於自我存在的故事**。換言之，一個人所受到的傷害不是「自我」，他對傷害的感受和態度才是「自我」。

感受和情緒是走進自我存在的一扇門。透過感受，人們得以遇見陳述感受的自我；透過感受，人們得以更貼近自我。對感受越敏銳，越能順利遇見內在層次的「自我」，而非外在裝飾或學經歷層次的「自我」。自我越清晰，也才能活出自我的生命。

別急著「批評指教」

當某人訴說自己的痛苦與傷痛、矛盾時，請別立刻「批評指教」，這樣對話才能展開。會說出「批評指教」的人，通常是不顧對方深陷痛苦的情況，將「痛苦」抽離，只針對「情況」客觀討論的人。然而從「深陷痛苦的情況」中抽離痛苦時，該情況成立的事實已經消失。不成立的情況自然不是事實。不了解事實而說出的話，自然沒有任何幫助。一個在狀況外卻宣稱自己了解一切的人，他們的胡亂發言不過是一把匕首。

然而不幸的是，我們生活中多數的話語都是「批評指教」。

「忘掉那種想法吧，那對你沒有任何好處。」——指教

「越是那樣，你越應該努力，隨時做好學習的準備。」——指教

「往好的方向想想看吧。」——指教

「那個人一定是太愛你才會那麼說的。」——批評

「你是不是太敏感了啊？」——批評

「男人都是一個樣，你還以為遇到了真命天子啊？」——批評指教

當我們遭遇小自芝麻蒜皮的煩惱，大至瀕臨死亡的痛苦時，父母、老師甚至是諮商師總習慣給予「批評指教」。即使我們鼓起勇氣告訴朋友，或者向書本尋求幫助時，結果也是一樣的。這些努力，反倒讓身處痛苦中的自己接受更多「批評指教」的折磨。不只是對他人，人們對自己也是如此。因為不說「批評指教」的話，便無話可說。許多時候人們不是因為相信「批評指教」有所幫助才說，而是因為所知有限，只好滿口「批評指教」。

面對他人的痛苦時，我們的語言能力猶如失去前方道路、戛然中斷的懸崖，失去話語接

續的能力。既然動輒得咎，至少說些「批評指教」還能敷衍了事。於是日常生活中頻繁出現的矛盾與傷害，便永無治癒的一天，甚至情況只會更加嚴重。

檢察官在案件無法順利偵破時，總會重新回到現場，我們也不妨回到語言能力斷裂的懸崖邊吧。之所以回到現場，是為了在現場找出解決問題的線索。面對站在懸崖邊的人，我們該說什麼話才好？從結論來說，並不需要說太多話。

那時需要說話的不是我，而是對方。我們必須專注於對方的存在、對方的痛苦，持續向對方提問，引導對方說出心中的感受。我們必須放下想為對方做點什麼的心，只要詢問對方當下的心情如何。只要我們真心承認自己並不了解對方的狀態（其實我們也是真的不了解），自然會向對方提問。

「你現在的心情怎麼樣？」

「你覺得這個痛苦的程度有多強烈？」

如果對方沒有回答，或者對方逃避回答、無法回答，也別擔心。回答並不重要，重要的是讓對方知道有個人關心他的存在，並且願意詢問他的感受。知道有人真心在意自己的痛苦，這個確信便是治療的重要關鍵。治療的關鍵不在於話語，而是知道有個同理我的痛苦的人存在。只要知道有人願意對自己的痛苦產生共鳴，人們就能獲得脫離地獄的力量。

回想一下，當試圖自殺的那名女子向我坦露「自我」的故事時，我做了什麼舉動，把她從深淵中撈上來呢？其實，在她開口說起往事前的幾秒沉默，以及她舉起茶杯時手指抖動的瞬間，還有原本妙語如珠的她，忽然開始結巴，不斷重複「那個、那個」的時候，我都沒有打擾，而是等待她接下來的動作。我的雙眼注視著她，一刻不曾離開，也沒有刻意轉移話題，減輕她的不安。

那一瞬間，她的遲疑和顫抖彷彿只能發出機械噪音的麥克風首次傳來人聲；那一瞬間，她的「自我」第一次從水面下探出頭來。看見某人「自我」的時刻，永遠那麼令人喜悅且珍貴。在我意識到她的「自我」，並且保持沉默以表尊重、保護時，她立即以流暢的語言回應。當存在本身被原原本本接受時，當事人將比任何人更快感知到。這是生命的本能。

除了偶爾丟出的問題外，我一點也不擔心該說些什麼話。那時任何人的一句話，都只會使她立刻隱藏本想透過身體動作傳達的自我存在的訊號（例如沉默、顫抖、結巴等）。我當時的眼神、呼吸、低聲回應等，反倒是比話語更明確的訊息。我的眼神、呼吸如棉被般包裹著她，不過那並非使她感到壓迫或沉重的程度，而是足以帶給她安全感的厚實穩重，那時我想傳達給她的，只有我願意化為棉被守護她的態度。這並非只有專家才辦得到的事。真心關懷我的痛苦，並願意耐心傾聽的人；只關心我的存在，並對此不斷詢問的人；不急著要求我回答，而是靜靜等待我回應的人……只要能做到這樣，任何人都好。這個人是誰一點都不重要。能夠這麼做的人，就是重要的人。有了「治療者」，人們便能活下去。

任何人都可以是「治療者」

也許有人會擔心：我可以為對方做到那樣，但是對方從此以後只想依賴我的話，我該如何是好？這個常見的疑問只是庸人自擾。真正被這個問題困擾最深的人，其實是處於痛苦之中的當事人。他們深怕唯一關心自己的「治療者」，會將自己看做是一大麻煩，所以他們會盡可能體諒你，事事謹慎小心。這其實是為了自己的生存，因為他們本能地知道唯有守護對自己重要的人，自己也才能活下去。

即使是經歷過殘酷的事件，對世界與人類所有信賴完全瓦解的人，只要遇見「治療者」，便能透過「治療者」恢復對整個世界與人類的信賴。這句話邏輯聽起來也許有些奇怪，不過在邏輯、數學上不合理的論辯，在人心方面卻可能成立。

一個人的力量可以如此強大，是因為每一個人都是一個宇宙。這非關複雜的公式或觀念上的語言，而是關於人心的神秘真相。人們從「治療者」的特殊性中獲得普遍性。因此，一個人可以代表整個世界。對於某人而言，我們不僅是一個人，更是一個世界，所以任何人都有資格成為最重要的治療師。

當自我的故事、存在本身故事的火苗被燃起，我們將可聽見生命原本微弱的脈搏又重新規律跳動。將雙手放在「自我」之上的「治療者」，即使他本身無意那麼做，他也是實施心理CPR的人，是拯救人命的人。將雙手放在他人的「自我」之上，這個動作能使個體的生命得以延續，恢復個體與個體之間的聯繫，賦予人們新生。

所謂心理CPR，其實是找出對方的「自我」所在的正確位置，在上面全力傾注「同理」。拯救人命的根源，即是「準確的同理」。

・如果有人在表現「自我」，好比個人情緒、個人主張、個人想法時，總是被硬生生打斷，或只被當做空氣般對待，他的生命必然就像電力只剩百分之三，即將進入關機狀態的手機。

・心理CPR的實施，是將看似自我而非自我的外在事物掀開，對準「自我」的位置施予強烈的刺激。自我存在的核心，正是我們的情緒、我們的感受。是否有必要執行心理CPR，也應根據情緒來判斷。

第三章

同理

快速、精準、撼動人心的力量

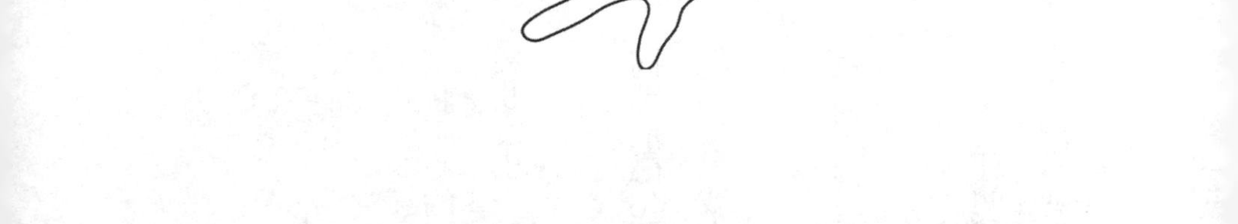

拯救他人的關鍵力量

人們給我各式各樣的稱呼，其中我最喜歡的是「治療者」。雖然這個稱呼給我不小的壓力，不過幾乎可以涵蓋我目前正在做的事情。身為一位現場治療者，如果非要我選出一個最關鍵的武器，我會說那是同理。

同理的力量非同小可，具有強大的威力，正如成語所說的「蚍蜉撼樹」。同理能融化冥頑不靈的人心，也能拯救危在旦夕的生命。我相信治療的開始和結束都是同理。這是我在生命力旺盛的市井街坊中，與受傷的人們敞開心房交流情感後，從中得到的體悟。

我對同理的這種結果深信不疑，它是等同於「人終有一死」的絕對真理。我是如此信賴同理、熱愛同理。

這個社會對同理存在許多誤解和偏見。不少人懷疑，投入大量時間或許能看見同理的驚人效果，但是對於生活忙碌的現代人而言，同理這種一對一的傳統溝通方式真的適當嗎？

真能看見預期的效果嗎？我們需要的應該是更有效率的溝通方式吧？

先從結論說起吧。在各種撼動人心、治療受傷心靈的力量中，同理是最強大也最實用的力量。它不僅快速、正確，也最有效率。比起花費數十年投入天文數字的研究費，利用最先進的醫學、藥學、腦科學、生理學、遺傳學、生物學等研究方法開發出的抗憂鬱劑，同理的效果更為驚人，還沒有那些藥物可能帶來的副作用。效果如此強大，又沒有副作用，兩者無法相提並論。

打個比方，如果說抗憂鬱劑之類的藥物是一輛灑水車，開到缺水的村莊入口，向口渴難耐的人群灑水，那麼正確且技巧純熟的同理，就是直接走向口渴的人，將一杯天然的山泉水直接遞給對方。

擁有同理這個心靈武器，將可活出游刃有餘的生命，也可以大幅減少人際關係中不必要的能量消耗。

同理對方，從而看見自己

說到同理，總會有一些陳腔濫調。例如同理是在對方發言時，不打斷對方，不妄下評語，只要從頭到尾點頭同意對方的話，就是好的同理者。

不是的，這種想法完全錯誤。那不是同理，而是情緒勞動。用那種方式聽對方說話，最後累的只是自己，甚至可能忍到最後失去耐心，因為極度煩躁、厭倦而不想再見到對方（不管有沒有直接向對方發怒）。而單方面傾倒情緒的人，回到家也會覺得心裡難受，「今天是不是花太多時間在講我的事啊？」、「我是不是說太多自己的事了？」於是，這件事在兩個人心中都留下了不愉快的經驗。

「要是我多同理對方一些，我們的關係就會變好嗎？」、「是不是因為我沒有設身處地同理他的處境和痛苦，所以他才對我那樣的？」、「先忍一忍再說吧！」即使你抱持這種想法咬牙隱忍，忍耐還是有一定的限度。人類不是人工智慧機器人，可以承受強烈的情緒勞動而不感到勞累。在你試圖成為撼動樹的蚍蜉之前，只怕已先變成被撼動的那棵樹。

上班族A君有一位二十多年的知己，非常避諱說自己的事情。這位朋友有過不堪回首的過去，和兄弟姊妹之間老死不相往來，這些事A都知道。A雖然認為朋友的慢性消化不良和圓禿問題，是因為朋友從不輕易吐露心聲，默默一人承受所造成，但是A並未道破。當朋友感到難過，想藉酒澆愁時，儘管A平時並不喝酒，仍義不容辭地挪出時間陪著喝；

A週末也會約朋友一起看電影，製造聊天的機會。但即使A用盡一切辦法，朋友還是不輕易坦露心聲，這令A感到不是滋味，卻仍選擇忍耐。

某天，A趁著喝酒時問起朋友的心聲，朋友竟一副不耐煩的樣子，說喝完酒就沒事了，何必追問個不停。A本想幫助朋友，忽然被澆了一桶冷水，氣得當場離開回家。A對於什麼委屈都往肚裡吞的朋友感到心寒，覺得朋友畏畏縮縮，也對於朋友把自己的真心誠意踐踏在地感到失望。過去為幫助朋友所投入的時間，似乎都化為泡影。

聽完A的陳述，我把心中的想法告訴A：「你對朋友付出的真心誠意，真的很特別。」不料A忽然哽咽地說：「我擔心朋友再那樣下去，搞不好真的會死。」、「所以我也不知道怎麼搞的，常會要朋友振作一點。」

我一句不起眼的話，竟讓A忽然哽咽，向我坦白自己心裡的想法。這不是因為我有什麼撼動人心的秘訣，而是因為我專心傾聽A的故事，並且告訴他我對他的存在本身的想法。換言之，由於我的存在本身（我的感受）與他的存在本身產生連繫，自然能打動他的內心，而他也自然而然敞開了心房。如果說我有什麼祕訣，這就是我的秘訣。

A繼續掏心掏肺地說。他這一生過得相當憂鬱，甚至不知道輕鬆愉快是什麼滋味。做為兒子和女婿，兩邊家庭的重擔都落在他身上，令他幾乎喘不過氣，他也認為這是自己的宿命。就在幾年前的某一天，他覺得自己再也忍耐不下去，選擇不告而別，去了他一輩子從沒去過的偏鄉隱居。家中一時天翻地覆，甚至向警局申報失蹤。兩個月後，A重回家中，決定告別過去的生活。從此以後，他開始學會拒絕，認為那才是對自己和對別人最好的選擇。A說要是沒有那兩個月的時間，自己說不定已經死了。

因此A看著所有痛苦往肚裡吞，什麼也不肯說的朋友，擔心朋友正一步步走向死亡。因為朋友讓他想起自己之前的生活，他不禁擔心起朋友的生命安危。他告訴我，明知朋友選擇了錯誤的方式忍耐，卻沒有出手幫助他，這樣的罪惡感將會深深籠罩著他。A一開始說著朋友的故事，卻慢慢說到自己兩個月來離家前後的變化。A的故事猶如連綿不絕的梅雨，逐漸匯聚成一條泛濫的溪水。

任何時候都要以自己為優先

他努力同理朋友的痛苦，在此過程中看見了自己。他與過去最真實的自己相見，對那個自己付出關懷、同理，甚至為此落淚。如此一來，他也釋懷不少。之後他與朋友見面時，終於能放下急切的心，也不再動不動生氣。他逐漸接受了朋友有自己節奏的事實，也知道朋友明白自己的真誠，相信當他做好心理準備時，總有一天會向自己袒露一切。曾經，A 分不清自己是對朋友感到遺憾，還是對自己過往的生命感到遺憾，如今終於看清了兩者的界線。

「同理」是在同理對方的過程中，同時刺激個人深層情感的行為。換言之，在同理對方的同時，我們也無意間得到了窺探自己過往傷口的機會。所以在同理對方的過程中，如果自己內在的某處受到刺激，那麼比起同理對方，首要任務應是回過頭來面對自己的傷口，輕聲探問自己。

任何時候都不忘自己，任何時候都以自己為優先，這才是同理最重要的成功祕訣。同理不是像急診室值班醫師那樣義務為對方服務。任誰都沒有義務同理他人。當同理成為義務，最後倒下的只會是自己。

比起同理對方，關心自己、同理自己更為困難。多數人在同理自己時遭遇困難，無法真正實踐同理，進而在拯救他人時屢遭失敗。他們將所有精力放在對方身上，壓抑自己的情緒，甚至不肯回過頭來看自己一眼。如此長時間的情緒勞動之下，最後反倒讓自己跌了一跤。

同理不是抽出自己的背脊去支撐某人，這種方式無法支持對方到最後，只會讓彼此深陷泥淖。在同理對方時，不忽視或壓抑自己的感受，才能真正達到同理的效果。所謂同理他人，是先讓自己變得更沉重、更混亂，進而彼此互相幫助，邁向更輕盈、更自由的生命過程。

在同理他人時，儘管會因此看見自己的創傷而備受煎熬，但是這同時也是與自己產生共鳴、治療自己的機會。這是同理者所能獲得的特別禮物。

同理是後天學來的習慣

某天偶遇的晚輩告訴我，公司同事最近一星期都魂不守舍的，主管在身後呼叫也沒有回應，不知道是不是沒有聽見，甚至還聽錯主管的指示，做出眾人意料之外的行為，害情況變得更糟。晚輩問我：「這到底是什麼情況呀？是因為壓力太大造成的症狀嗎？」

我告訴他：「我也不知道。我只聽到這些訊息，怎麼會知道呢？你應該直接問問同事：『你還好嗎？發生什麼事了？你看起來好像遇到了困難。』聽聽同事怎麼說呀。」

「是嗎？」晚輩說完，尷尬地笑了笑。也許他覺得很失望，心想：「人家都說鄭惠信是很厲害的精神科醫師，看來言過其實了。」

一名中年男子陪著八十歲的老母親前往醫院內科。醫生起先問了幾句「哪裡最不舒服？」、「消化還好嗎？」、「晚上睡得好嗎？」老母親答著答著，忽然就不說話了。兒子告訴母親：「您要回答，醫師才能診斷病情啊。」不料母親氣呼呼地說：「都要問才知道的話，算是哪門子醫師？一看就要知道我哪裡不舒服啊。」大眾對精神科醫師的期待和偏見，更甚於此。

精神科醫師不是單看人的相貌就能鐵口直斷的算命師，也不是看見某種情況就能立刻給予專業解釋和判斷的人。在問題非常單純的情況下，或許有可能辦到，但是大部分情況下不可能。必須仔細詢問當事人，才能正確掌握情況。

或許有人會問：「真正有實力的精神科醫師，應該隨便聽一下，心裡就會有答案了不是嗎？」不是的，那反而是沒有實力的醫師。不深入詢問對方，也不仔細觀察對方，就想斷定某個人的心思，那是蒙古大夫在做的事。如果只看到幾個表面現象，就對個體妄加解釋、評論與定義，很容易被先入為主的成見或偏見牽著走。

情緒上的同理 Vs. 認知上的同理

唯有深入認識才能理解，唯有理解才能同理。看到對方的處境立刻一把鼻涕一把眼淚，並不是同理的本質。那可能只是宛如膝蓋反射動作的情緒反射，也可能只是濫情的表現。換言之，那並沒有深入理解對方的痛苦，只是瞬間表現出來的情緒而已。

情緒上的反射，並非同理。當一個個體認識與理解另一個個體身處的情況和創傷後，對該個體產生了全面的情感聯繫與深刻的理解，這兩者經過融合才能形成同理。因此，同理不需要天賦異稟的感受或能力，需要的是學習。

如果將同理區分為「情緒上的同理」與「認知上的同理」，我認為兩者的比例應該是二比八，所以認知上的努力是絕對必要的。

一般人對於同理多有這樣的成見：「同理是與生俱來的」、「面對他人的傷痛或痛苦時，能立刻進入對方的情緒，陪著對方淚流的人，是具有高度同理能力的人；如果做不到那樣，就是缺乏同理能力、冷酷無情的人」、「努力訓練的同理不是真正的同理，同理是教不來的」。人們以為同理是一種純粹的、摸不透的某種能力，真是如此嗎？

情緒上的同理是一種成熟的同理能力，建立在面對他人痛苦時的強烈感受上。這裡有必要將同理和濫情區隔開來。不是說看見他人的痛苦立刻淚流滿面，就是情緒上的同理。與痛失子女的朋友許久未見，一見面便與對方寒暄：「你看起來過得不錯耶。現在一切都還好吧？」若是明白這種問候，有時可能造成對方二度傷害，才是真正懂得了同理——因為聽見那句問候的朋友，難免會擔心旁人把她看作是「失去子女，卻還活得逍遙自在的殘酷母親」、「沒有資格做母親的母親」。世人的這種評價，將使她產生強烈的罪惡感。

即使沒有惡意，我們也可能在無形中傷害他人，所以同理必須經過學習。有許多支持#Me Too運動[8]的人，在不知不覺中對受害者造成二次傷害，原因也在於此。在這個世界上，有許多痛苦必須學習後才知道，或者必須學習後才能同理。唯有如此，面對經歷那種痛苦的受害者，才能盡可能不在無形中對他們造成傷害。

同理是唯有從各個角度仔細、緩慢、清晰的窺看人心，才能達到的狀態；同理是一一細看人心的每一個片段，進而逐漸掌握人心的全貌時，所達到的深度理解的階段。越深入了解一個人的情況和內在，越能理解對方；越理解對方，越能深度同理對方。所以同理不是與生俱來的天性，而是自己一路跌跌撞撞的所得。

循循善問，步步緊隨

出身海島村莊的四十多歲男子昌敏，八歲時父親因病去世，由母親獨力扶養四個孩子。昌敏自小體弱多病，國中一年級開始洗腎，一直持續至今。每年平均住院一到兩次，宛如週年慶的頻率，導致昌敏沒能專心學習，也找不到好工作。儘管如此，他依然熱衷參加讀書會或病友會活動，另外也參加燭光示威和各種志工活動，努力活出精彩的生命。

聽著他豐富的活動經歷，我問他一開始洗腎的時候和誰一起去醫院，又去了哪一間醫院。他說母親每天都忙，所以從國中一年級開始，自己得一早搭船去大城市，接著到距離大城市一小時路程的醫院洗腎，結束後再一個人回家。

「年紀還這麼小，就一個人吃了這麼多苦啊。」

我一邊感到惋惜，一邊繼續問道。「請告訴我十四歲的昌敏去洗腎那天，從離開家門到回家的路線，讓我們跟著他走一趟吧。首先，小昌敏幾點起床的呢？」

洗腎那天的凌晨四點，國中一年級的昌敏一個人起床後，穿好衣服，搭船前往大城市。我聽著昌敏的描述，似乎也跟在了當時小昌敏的身後。十四歲的孩子每週兩天早起，帶上母親前晚準備好的交通費和治療費，摸黑離開家門，獨自換乘船隻和公車前往醫院。一個人掛號，一個人洗腎，又一個人搭上回程公車和船隻，回到島上的家時已是深夜。

和中年昌敏一起跟在小昌敏的身後走著，一想到小昌敏的心情，我不禁一陣酸楚。看著

---

8. 一項反性侵害與性騷擾的運動，二〇一七年從美國開始席捲全球，打破曾遭性侵或性騷擾者的沉默文化，引發許多迴響及反思。

眼前平淡地說著往事的昌敏，我問道。

「跟在十四歲昌敏的身後走，心裡有什麼感覺呢？」

「那時候沒想那麼多，不過應該是很緊張的，因為所有事情都要自己一個人解決。現在回想起來，覺得真孤單啊。」

跟在小昌敏的身後走，便能清楚看見他的孤單。中年昌敏原本若無其事說著許久以前的事，被我一問，忽然眼眶一紅，重新看見了年幼的自己。最後，他得以敞開心房和自我對話。

當某人向我們坦露自我時，如果我們能像鏡子一樣清晰還原當時的情況，將有助於彼此快速掌握與理解情況。理解之後，雙方自然會表現出相應的情緒和同理。對坦露自我的人來說，觀察對方的情緒反應，也是他們用來確認對方是否重視自己的過程。而站在我們的立場，仔細窺看對方的內心，也才能專注關懷對方的存在本身。這個行為本身即是深刻的同理，也是治療。

昌敏說，每次自己提到「小時候開始洗腎」時，別人的反應都是「你以前一定很辛苦吧」。幾乎沒有人深入過問當時的情況。如果沒有深入了解當時的情況，只是下意識地說出「你以前一定很辛苦吧」，這種話無法真正觸動人心。如果無法讓對方產生「有人同理我」

的感受，那麼即使是表現同理心的話語，也只是不明就裡說出的話而已。沒有深入了解對方的人，他們的話語無法激起有意義的情緒變化。

在不了解對方的情況下，首要任務自然是循循善「問」。唯有認知到自己對情況了解有限，才是同理行為的開始。在能夠完全掌握情況之前，必須謹慎詢問，才能同理對方。所以同理是對情況最立體、最完整的掌握，同時也是對當事人的理解和認識。

也有不少人擔心，如果不小心問了不該問的問題，可能會造成對方更大的傷害，因此對同理猶豫不決。這時可以使用一個最普遍的方法，就是詢問對方前先預設一個前提，「我不太清楚才問的……」，或者「我怕不清楚狀況，沒辦法好好了解你，所以才會這麼問……」，接著再針對自己好奇的部分發問，例如對方的情況、心情等。當對方明確接收到我渴望了解他、試圖尊重他的態度時，即使我不小心問了不恰當的問題，也不會有太大的問題。

與其說有哪些問題會造成對方二次傷害，不如說問對方問題時，讓對方產生「這個人一點也不了解我」、「這個人對我有誤解」、「這個人似乎有意要批評我」的感受時，才是真正傷害了對方。所以先表明自己的立場，告訴對方自己沒有惡意後，接下來就可以放心詢問對方了。

真心誠意探問對方的一切

在北歐有間專門治療肥胖的機構，效果驚人。這間機構不使用食物療法、運動療法、藥物療法等治療方式，而是在肥胖的客戶上門時，先為他們拍攝裸體照。這些照片不是為了對比減肥後的效果，而隨便拍下的減肥前體型的照片，而是攝影師用心拍攝的藝術裸體照。之後大圖輸出裸體照，讓客戶掛在日常生活中經常看見的地方。

光是這樣，就能讓客戶自發減少食物攝取量，督促自己運動，進而達到成功減重的效果。這個機構每隔數月為客戶拍一次裸體照，讓客戶繼續掛在顯眼的地方。只要利用這個方法，就能讓客戶避免復胖。

也許有些讀者無法立刻明白這個原理。其實減肥失敗的原因，並不是當事人不了解食物療法或運動療法，而是就算知道，也難以持之以恆。這個機構讓客戶持續看見自己的身體、意識到自己的身體，藉此一舉達成目標。換言之，在「客戶不排斥」的前提下，讓客戶隨時看見自己「充滿藝術之美」的身體，促使他們自主解決肥胖的問題。

同理的道理也是一樣的。向對方提問就像照鏡子，清晰照出對方的情況和心情，如此一來，自然能達到同理的效果。得到同理的一方，更願意袒露內心，也更願意回想過去的記憶並說出自己的感受。

能讓對方不感到抗拒，又能設身處地具體提問的人，才是同理的促發者，那就像一面能照出一切的鏡子、一張忠實呈現體態的裸體照一樣。深入了解對方，才能理解對方；理解對方，才能同理對方。同理不是與生俱來的，而是後天學來的習慣。

同理的原則 1

世間萬事都以自己為焦點

一位四十多歲的律師對歷史有著濃厚興趣，不僅在私人聚會上分享許多歷史故事，在社群網路上也是如此。當然，有時也少不了激烈的爭辯。在三五好友見面的輕鬆場合上，他喜歡拋出韓國近現代史的嚴肅話題；或在聚會上一再重複相同的話題，讓旁人一陣尷尬。曾經和紅酒專家一起吃過飯，聽他們對紅酒高談闊論的人，必能想像當時的情況。聽著他的故事，我開口問道。

我：我雖然對歷史沒什麼興趣，但是對特別喜歡歷史的您感興趣。歷史尤其吸引您的地方是什麼呢？

他：我們要了解自己的根才可以。歷史和現在的我們都是有關係的，歷史直接影響了我們的祖先和我們的生活。到我爺爺那一代，還在日本佔領韓國期間從事獨立運動；我父親是軍人，曾經參加過南北韓戰爭和越南戰爭……

我：原來您父親是軍人呀。我都不知道。

他：父親在我小時候就去了越南，小時候的我，幾乎沒有看過父親的記憶。母親比較沒有主見，所以我從小得負責照顧家裡；上面還有三個哥哥，但是都去大都市求學，從國中開始就離開家裡了，剩我和母親相依為命。後來罹患老人癡呆的父親，到過世之前都是我一個人照顧的。

我：（心想，他一開始說的「根」，應該對他至為重要）嗯，那時你就像沒有根的人一樣，總是自己一個人？

他：對，沒有任何人可以依靠。我甚至想逃到理論裡去，所以大學也曾經著迷過馬克斯主義，還是覺得不對。

我：嗯，原來如此。扎根對你而言是什麼呢？

他：可以依賴，可以休息，可以隨遇而安。（眼眶泛淚）

我：（默默聽著）原來如此……原來如此。

他：（一陣沉默後，擦乾眼淚說）這是我第一次思考為什麼自己這麼執著歷史。以前都以為歷史很重要，當然要多關心歷史，原來這並不是全部的答案。原來是我需要一個像柱子一樣可以依靠的東西，看來是我過得太辛苦了。以後我不會再跟別人辯論了。大家應該都很討厭我吧。（笑）

一旁默默聽著的眾人也跟著笑了。要是今天沒有聽見他的真心話，現場的人大概會以為又要繼續聽他講無聊的歷史故事，而他或許將擺脫不了旁人眼中好為人師的形象。雖然這對我們也是好事，不過在當天的聚會中，他最終學會了保護自己。我認為這才是真正的收穫。他快速認清現實，決定未來要更謹慎談論歷史的態度，也令人印象深刻。

在抵達同理的目標前，決不放棄

同理不是單純的傾聽，也不是耐心傾聽，而是正確的傾聽。何謂「正確」？意思是對話的目標真真確確的存在。那是同理追求的目標。遠離目標的對話，只會變得支離破碎。

聽見那名律師在聚會上大談自己才感興趣的話題，我第一個問他的問題是：「先別說歷史了，你呢？」明確點出問題的最終目標。先確定對話的目標，再開始對話。歷史重不重要、當下是否適合談歷史、談這件事有沒有意義，這些都在我關心的範圍之外。我想說的話非常明確：我感興趣的不是「歷史」，而是對歷史有濃厚興趣的「他」，我的重點在「他這個人身上」。給予同理時，對話目標永遠是「存在本身」。

我們在社會上主要使用的語言，是實際、實用、邏輯、策略、有效率的語言。用這種方式溝通，當話題忽然轉向存在本身時，就會像原本奔馳在高速公路的汽車忽然駛入砂石路一樣。用在高速公路上的駕駛方式或速度，自然無法在砂石路上行駛。進入不熟悉的砂石路時，原本的方式或價值觀自然會出現動搖。只要能意識到接下來的路是砂石路，就值得慶幸了。

總而言之，那次聚會的對話重點既不在歷史，也不是要讓律師展現個人見識的場合。沒有那種必要、也不是那種關係的朋友聚在一起，對話的重點應該放在每個人身上或者我們自身才是。

看見在外被同學欺負的孩子，媽媽們經常是一邊問孩子：「誰欺負你？」一邊抓起孩子的手去找動手的孩子，不找到決不放手。同理也是如此。在迷失方向和道路的對方實際抵達目的地前，務必緊抓對方的手，無論如何都不放手。要抓到什麼時候？直到對方遇見自我的存在。唯有緊跟著對方話中的線索走，才能抵達目標的大門前，門後將是對方最真實的自我故事。同理由此開始。

撼動人心，不是靠辯論和說服

如果沒有瞄準目標，只是下意識回應對方，那麼不管投入多少時間傾聽，都無法提供對方任何幫助。對方感受不到一絲同理。結果是同理者用心良苦，對方卻不懂得感謝。在這種情況下，同理容易淪為單純的閒談、辯論或八卦。雙方結束對話，起身離開時，彼此心中只有一陣空虛。

可能有人會為辯論叫屈，「經過一番激烈的辯論後，才會出現彼此認同的合適答案或雙方都接受的結果，這不就有意義了嗎？」是的，如果是針對公共議題展開的對話和辯論，確實可以達到那樣的效果。辯論得出的結果不僅可以得到多數人的認同，也能發揮一定的幫助。

不過與人心或人際關係相關的內心話、飽含私人情感或情緒的創傷故事等，就並非如此。在這類對話中，辯論或說服無法發揮其力量，甚至一開始就不具有力量。辯論雖然可以鮮明的展現個人色彩、想法或觀點，但是效果也僅止於此。

在容易激起情感或情緒的話題中，難以透過辯論撼動並說服對方的心，使對方接受我的觀點或意見。辯論是在高速公路上的駕駛方法，而這裡是砂石路。辯論與說服無法撼動人心，反倒只會使對方緊閉自己的心房。

有位國小老師堅持自己的理念，用心對學生實施同理教育。某天，一位家長找上這位老師，告訴老師：「坦白說，我並不希望我家孩子有多高的同理能力。同理能力越強，之後的人生就越容易被別人影響。」那位老師後來問我：「那時候我很慌張，所以沒能好好向家長說明。您認為我應該怎麼說才好呢？」

那位家長所說的同理，和我們現在所說的同理顯然不同，所以沒必要回覆家長的看法。我反倒比較在意這位老師所問的問題。這個問題背後，似乎隱藏著這樣的想法：「要是那時候有向家長正確說明同理和同理教育，就能成功說服家長。」他以為用話語或邏輯，就能說服他人的想法。真是那樣嗎？換作是我，我真能用更縝密的邏輯和語言，來讓家長接受同理教育嗎？沒辦法的，人心並非如此。

要是當時以更有說服力的語言來解釋同理，那位家長表面的反應可能是「原來如此，老師我知道了」，回到家心裡想的卻是「老師一副自己最了不起的樣子，就你厲害喔？」如果是我的話，大概只會告訴那位家長：「看來您本身有類似的經驗，才會有那樣的想法吧。」

什麼意思？這個詢問對方經驗的問題，並沒有提及同理這個主題，甚至和我對同理的看法或個人主張有很大距離。其實我所做的，是將關注的對象轉移到家長身上。對方之所以會那樣看待同理，背後必定有某種原因，所以關注的對象自然是「對方」。即使對方和我的想法完全不同，也要傾聽與接受對方的說法，表現出對他的關心。

當人們發現他人對自我內在有所關注與碰觸時，將瞬間停下動作，表現出與先前不同的反應。就算對方當下沒有說出是什麼經驗讓自己那樣看待同理（甚至他本人也沒有立刻意識到），但是回到家後，他們將主動思考這個問題的答案，進而開始關注自己。「是啊，我為什麼會那麼想？什麼時候開始那麼想的呢？」這也許會成為他們反省自己的契機。

正中目標的問題或目光，能像這樣一點一滴動搖個體，使他反省自我，從而使他敞開心懷。以同理為導向的對話，便具有這股正中目標的力量。

不知道如何表達自己的心情

當話題談到心情或人際關係時，沒有聚焦「個體本身」或「個人心情」的對話，終究令人感到空虛。不顧當事人的心情，只圍繞著他的外在、權位、信念或主張等進行對話，這樣的對話再怎麼熱烈也看不見終點，甚至聊得越是熱烈，事後的空虛感或寂寞感只會越強烈。這是因為雙方沒有真心誠意看待彼此。其實別說是真心誠意，雙方在這樣的對話中感受到的只有暗中較勁。當彼此發現一番長談後，兩人的心思或想法反倒沒有一絲靠近時，心裡只會覺得更孤單、難受。

例如律師的案例，當脫去歷史這個外在的主題後，關於爺爺的故事、軍人父親的故事、「我」在家庭中的故事，自然會浮出水面。這時，同理的目標便明確浮現出來。聚焦於此時浮現出的「自我」、「個體」、「存在性」的行為，正是同理的本質。當同理者對於目標之外的話題一再忍耐時，最終只會淪為情緒勞動。在同理的目標沒有明確浮現之前，或者在同理的對象不存在時，還能點頭如搗蒜地回應對方的人，和無的放矢的箭士沒有兩樣，也像是表情凜然，卻傻傻揮刀砍向影子的武士。

不過，有時我們雖然想說出自己的心情，卻不知道如何啟齒。剛開了話題，卻不知道怎麼繼續。這是因為袒露心情時的話語，和我們在日常生活中使用的話語稍有不同。因為分不清該從哪裡開始說，又該如何表達，所以乾脆壓抑這股衝動，以為這才是上上之策。於是心中的壓力日漸增加，直到超出忍受範圍的那一刻瞬間爆發，付出超乎想像的代價。

傾聽者主動把話題導向需要給予同理的目標，會比傾訴者主導更有效果。傾聽者只要把傾訴者的話，轉向他「自身」的故事就行。如此一來，傾訴者將能看見心中的自己，想法開始動搖。「啊，原來我是那樣的人，原來我當時的心情是那樣的。所以我才會一直重蹈覆轍啊。」

路上遇見爹娘盟的老人時，不管他們嘴中如機關槍般射出的「從北勢力」[9]、「朴槿惠總統」……等名詞，只問他們「吃飽了沒」、「家鄉在哪裡」，為的就是瞄準對話的目標。為了想要將話題引導到「他」身上，我們必須對他們的時政批判視而不見（那些也許只是毫無意義的辯論）。因為這樣，那位老人才能在那天見到了真正的自己。如果話題依然停留在批評時政，老人將無法在現場看見自己，最終又會將自己推入原地打轉的泥淖中。

同理猶如一隻奈米機器人，在對方的想法和情緒如一團毛線球糾纏不清，不知該如何是好時，像導彈一樣瞄準同理的目標並給予治療。我至今還沒有見過比同理更快、更正確、更精準，並且沒有副作用的藥劑。

9. 韓國政治中的特殊勢力，指親北朝鮮勢力，是保守派用以批評進步派的主張。

同理的原則 2

稱讚和淨說好話不同

一位母親育有就讀國中三年級的雙胞胎女兒。女兒Ａ成績優異、乖巧聽話，和朋友們也相處融洽；女兒Ｂ則完全相反，在班上成績墊底，小提琴課和自己想學才報名的英語補習都半途而廢。此外，女兒Ｂ不聽母親的話，難以管教，從國小開始就不曾主動寫作業，母親只能和孩子耗著，度過疲憊的每一天。

這位母親說，女兒Ｂ是讓自己變成壞媽媽的孩子。這孩子從三四歲開始就有些古怪，很不得自己的緣。「Ｂ會變成現在這樣，也許是我長久以來看她不順眼的態度造成的吧。」

原本看Ｂ不順眼的母親，開始反省自己。也許是和Ｂ的親子關係令她感到難過，她轉而說起最自豪的女兒Ａ。「雖然沒有好好對待Ｂ，但是幸好我經常稱讚Ａ、肯定Ａ。對Ａ來說，我應該是個稱職的媽媽。」

我告訴她，她對女兒B的反省和坦白令人讚賞，同時也不諱言地告訴她：對A來說，她可能也不是一位稱職的母親。

她稱讚A的時候，是在A考出和B不一樣的好成績時；是在A補習班從不缺席，認真學習的態度勝過B時；是在A順從自己，不像B那樣不受教時。A認為如果自己成績考差或沒有符合母親的期待，母親就會像對待B一樣對自己感到失望。A其實也像B一樣，自我存在沒有得到母親的關愛和認同。「如果不努力學習、乖巧聽話，我也可能變成媽媽眼中的B。」這樣的不安不斷強迫著孩子前進。A就像死守碉堡的士兵不曾放鬆警戒，而母親卻絲毫沒有察覺。聽完我的話，這位母親非常難過。

同理不是淨說好話或連連稱讚對方，不過也不是要你隨時把一針見血的批評掛在嘴上。話語本身是否溫暖人心，並非同理的核心，要達到同理更重要的是，話語是否準確地朝著某個目標，又是否絲毫不差地落在特定目標上。瞄準對方的存在本身，並且落在存在本身之上的話語，才是同理。她對女兒A的稱讚和肯定，並非落在女兒A存在上的話語，而是只看見女兒A自我強迫式的行為和成果的稱讚。

只對看似美好的外在給予支持和鼓勵，這種行為並非同理的本質。唯有對存在本身表達關注，此時同理才能展現它的威力。沒有藥效的藥是假藥，沒有同理效果的也不是同理。

那麼，難道稱讚對方的好表現是毫無意義的嗎？當然不是，那是好的。例如業務夥伴之間沒有那樣的稱讚行為，便容易在無形中造成傷害。雙方關係萎縮，自然難以營造良好正向的關係。在業務關係中，時時強調業務上的努力和成果，大概就是他們展現同理的方式吧。

像碗白飯使人飽足的稱讚和認同

再次回到上面的案例，還有一個值得從另一角度思考的問題。或許有人好奇子女成績提高時給予稱讚，這個稱讚並不是針對孩子的存在本身，而是針對他提高的分數，那麼這個稱讚毫無意義嗎？也不是如此。既然如此，該怎麼做才能表達真正的關心和同理？

稱讚孩子時，比起一邊強調孩子的成績，一邊稱讚孩子：「哇！成績進步這麼多啊！真棒。」更重要的是關心孩子的存在本身，例如：「成績進步這麼多啊！你這次一定很努力，辛苦了。」換言之，關心的對象應該是拉高成績的「孩子」本身。過度強調外在的成績或成就，可能造成孩子對成績的不安和壓力，然而關注孩子本身，將使孩子感到穩定與平和，並且沒有任何副作用。

不曾得到他人對自我存在本身的關注和同理的人，會以為他人對自己成就的認同與關心，便是對自己存在本身的關注，終其一生受此困擾。這種人即使得到他人再多的關心，也無法達到預期的滿足感。當然，相較於存在本身和外在成就都沒有得到他人回應的情形，上述的情況似乎要好得許多。但是就像不吃米飯，只吃配菜填飽肚子的人一樣，即使配菜吃得再多，也得不到令人滿足的飽足感，自然也享受不到飽足帶來的安心感。只靠配菜填飽肚子，仍有一定的侷限。

對存在本身的關注和同理，如同一鍋剛煮好的白米飯。有了這鍋飯，就算只配醬油吃，也能產生飽足感。因為米飯是最基本的食物。

同理不是對一個人外在的變化，例如增加的資產、升遷的職位、新獲頒的學位或獎狀，給予肯定或加以談論，而是盡可能著重在達成這些成就的當事人自身，以及他所付出的時間或心力。此時，被同理者才會有自己真正被認同或得到回報的感受。當他們反覆經歷這種體驗後，將不會再受外在事物所影響，活出自在的生活。同理不僅具有強大的力量，能讓倒下的人重新站起來，這股力量也擁有像石英般的堅實感，使人在萬籟寂靜之中，即使不特別做什麼，也不會因為孤身一人而感到焦急。同理的力量正是如此立體且實際。

同理的原則 3

專注於情緒

人心不只有潛意識的需求和欲望，更是暗藏各種情緒和記憶的陰暗空間，例如人生至今經歷的各種傷痛和情感、幾乎遺忘的往日回憶等。我們時常打理日常生活的空間，並在此點起明亮的燈火，營造優美的生活環境，卻沒有餘力點燈照亮內心。所以內心永遠幽暗無光，猶如日光燈一閃一閃的地下室。

我們的內心也被一層防護網保護著，這層保護網的另一個名字是「防禦機制」。雖然它負責保護內心，但是過度的防禦將會緊緊包覆舊傷口，使舊傷口發炎化膿。治療不僅是保護內心，同時也是讓化膿的心攤在陽光下的行為。而同理，就是能夠調和這兩個看似矛盾目標的魔法。

走進內心的「門」與「門把」

試著在腦中畫出一條進入內心的路線圖吧。當我們尋找進入內心的方法時，將會在幽暗空間遇見一道固若金湯的高牆。用雙手撫摸這道牆，必能找到一扇門。在與他人對話時，若想進入對方的內心裡，我們必須先找出這扇門才行。

專注於存在本身並給予關懷，那雙撫摸著高牆的手自然能發現入口，那是一扇走進內心的門。只有關注存在本身時，那扇門才會予以回應。

如果像電影那樣用湯匙挖開地板，逃出堅固的監獄高牆，那得花費多少時間？但是只要找出牆壁上的那扇門，就能瞬間移動到牆的另一邊。碰觸存在本身的行為，正是為了在巨大的高牆上，找出那一扇能進入內心窺探創傷原因的大門。找到大門後，再找出門把，轉開即可。如此一來，通往內心的門將會開啟，我們就能走進對方的心中。

如果門是存在本身，門把則是當事人的「情緒」或「感受」。假設把同理對象比作標靶，正中央的圓圈便是一個人感受到的情緒或情感。當我們正確瞄準一個人的情緒或感受，給予同理時，當事人的內心將隨之敞開。同理是轉開門把的力量。

聽完某位公司代表忙碌的一週行程後，我問道。

「請您試著脫離那樣生活忙碌的自己，像靈魂出竅一樣回過頭來看自己。您對現在的自己有什麼感覺呢？」

「我現在的情況暫時不允許我那樣做。」

他沒有聽懂我說的話，只說明自己目前的情況。

「原來如此，不過我問的不是您目前的情況。我好奇的是，當另一個您看著這樣生活的自己，會有什麼樣的感覺？」我再進一步追問：「不是說您真的要這麼做，而是您的感受。」

他楞住了一會，緩緩開口說道。

「看起來很鬱悶，也很可憐。」

從那時開始，他的語速逐漸變慢，說話結結巴巴。我問他，是否發現自己現在說話變慢又吞吞吐吐。同時也告訴他，內心發出真正的聲音時，自然會如此；自我第一次發出不經修飾的聲音，難免會有些不自在。

他這才放下心，繼續接著說。那樣的他正視了自己的感受，並且轉動門把，走進自己的內心。那天他內心的故事就此展開。

做為一個人被愛、被認同的感覺

在外殺人放火為生的男人，每次回到家中看著孩子沉睡的模樣，總想著有朝一日金盆洗手，這是因為孩子這個特殊的刺激因子，觸動了男人的存在本身。

當孩子對父親說：「爸爸我愛你」、「我想和爸爸一起玩」、「爸爸是最強壯的人」。這時，孩子的話對父親這個身分產生了作用。這無關父親的薪水或身高。父親無論在外做什麼工作，總能從孩子身上得到做為一個人被愛、被認同的感覺。這個感覺比任何義務都要強烈地刺激父親的身分，並驅使父親的生活回到正軌。

當存在本身獲得撫慰，當事人自然會發生改變。只要找到那扇門並轉開門把，即使不敲碎牆壁，也能立刻進入對方的內心。瞄準對方感受的同理，要比世界上任何一種高效的說服或啟蒙、建議，甚至是某個強效的抗憂鬱劑，更能快速、正確地撼動人心。

在某次治療課程中，我曾以「一頓難忘的家常飯」為主題，讓每組四個人圍坐一起，談談自己記憶中某一天的家常飯。一名中年女性娓娓道出自己十歲左右的故事：母親與父親大吵一架後離家出走，父親到住家附近的肉舖買了肉，回家後取出裝在黑塑膠袋內的三層肉，和四個小孩烤來當做週日的午餐，期間沒有任何對話。這名女性一邊回想那次用餐的記憶，一邊吐露自己經常感到不安、孤單的生命。

其他三人聽著發言者的故事時，可以中途詢問她的心情和感受，也可以隨時分享自己的心情和感受。批評指教則全面禁止，這是為了更聚焦於存在本身與個人感受。四個人以這種方式輪流說出自己難忘的一頓家常飯。

像這樣聚焦於存在本身與其感受，全心接納並同理發言者，自然能在堅固的高牆上找出那扇門與門把。轉開門把後，所有人看見了彼此的內心。不過是按照這個簡單的規則對話，竟能得到如此驚人的效果。

經過這樣的對話，有人說：「我以為自己到目前為止都很幸福，後來發現並不是那樣。」也有人說：「以前覺得只有我活得最痛苦，後來才知道沒有那回事。」有人坦言：「過去以為我是家庭中的受害者，後來發現我也許才是加害者。」另一個人卻說：「我是以為自己一直都是加害者，後來知道我可能才是受害者。」

這不過是眾人針對存在本身與其情緒、感受，彼此互相詢問、對話與同理而已，沒有任何人給予解釋或分析，卻能讓每個人找出自己所需的解決之道。在同一個時間與空間內，各種彼此矛盾的體悟竟同時出現。

這個課程既不是專家帶領的課程，也不是為了讓參與者感到幸福而開設的課程。這個課程不誘導參與者揭開自己的創傷，更不要求參與者在眾人面前說出自己的體悟，好讓其他人拿來做為八卦的材料。儘管如此，在其他三人不斷傾瀉的關注和同理中，發言者將可看見內在的自己，進而找出適合自己的解決方法。這是多麼令人驚訝的效果！

見證過自我存在與感受，並得到他人同理的人，即使沒有專家的特別指導，他們也能主動找出自己需要的反省和道路。這正是精準的同理發揮出的驚人力量。

同理的原則 4

治療內心深處傷口的手術刀與藥膏

我們常將創傷深深埋藏在心裡，因為就過往的經驗來看，袒露創傷不僅對自己不利，也可能讓自己變得更難堪。要是袒露自己的創傷時，不會受到他人冷言冷語的對待或意料之外的責難，或許人們就不會那樣將創傷深深埋藏在心裡。許多人之所以不願意袒露創傷，並非有被害妄想症，而是因為有過受傷的經驗，所以刻意隱藏創傷。

壓抑創傷的時刻，是自我混淆的時刻，是擺盪在憎恨與憤怒、自責等情緒之間，進而虛脫無力的時刻。人們在這段期間受混亂的心情折磨，急於尋求任何能結束這個狀態的方法。

難道毫無保留地袒露創傷，就能活得自在嗎？其實並非如此，也沒有必要那樣。但也有不少人以為壓抑創傷才是成熟的人，這樣的偏見使他們過度壓抑創傷，最後變成問題。再怎麼努力壓抑痛苦，痛苦也可能像地鼠一樣突然跳出，甚至時間越久越清晰。在這種情況下，唯有袒露創傷，解決問題，才能過上正常的人生。

守護心理的眺望權[10]

一名男子問我：「朋友小時候關於媽媽的記憶，幾乎只有挨揍。他說媽媽經常吼他去做家事，動不動揍他；在丈夫那邊受了氣，就對兒子也就是我朋友拳打腳踢，甚至搧耳光。朋友被這種兒時的家庭暴力所折磨，我該怎麼安慰他好呢？」

首先從他的疑問中，可以聽見大眾對於治療普遍存在的偏見，這和他想要幫助朋友的心意是另一個層次的問題。也就是說，許多人以為要幫助「從小在頻繁的家庭暴力下長大的人」，必須使用某種「專業的方法」。與其說他把朋友當做唯一、獨立的個人來幫助對方，不如說他把朋友放在「受到嚴重家庭暴力的人」的範疇內來看待。

無論是受家庭暴力或職場上司折磨的朋友，還是情侶或親子之間的尖銳對立，想要脫離這些現實生活中的各種痛苦，首要任務是全面了解當事人在該情況和關係下自身的感受。

10. 在韓國法律中有所謂「眺望權」，指人民擁有眺望景觀（例如優美的自然、歷史或文化風景）、享受感官滿足或情緒放鬆的眺望權益乃至於環境權益。作者將眺望權與心理結合，指任何人皆有權一窺心理的全貌。

所謂治療，並非針對特定問題從外在給出專業的建議，而是受傷者握著他人的手，仔細窺看、撫摸、檢查與感受自己受傷的內心，並且挑揀出創傷的過程，就像在濃霧籠罩的高速公路上排除汽車追撞事故一樣。透過這樣的過程，我們將能清楚看見自己原本雜亂糾結的內心，就像看見濃霧散去後的風景一樣。

「啊，原來那時候我的心情是那樣的，所以才會對那個人說出那樣的話啊。原來我是那樣想的，所以才會做出那樣的行為。」

在當事人真正看清自己的處境前，同理者必須不斷提出疑問、給予同理，再提出疑問，給予同理，不斷重複，這才是同理者在身旁該做的事情。所謂同理者，是在對方清楚看見自己前，持續陪伴在他身邊的人。當對方想癱坐下來時，陪著對方坐在地上；當對方認為這樣的過程毫無意義，妄自菲薄時，詢問對方為什麼這麼想，傾聽對方的回答，也同理對方那樣的心情。

面對滿身傷痕、不知所措的人，隔岸丟出專業、制式的回答，這種人並非同理者。不是同理者的人，無法成為治療者。因為那種方式無法為創傷者帶來任何幫助。

從外在複製而來的答案，絕對無法安撫人心。答案無法外求，唯有從自己內在發現的答案，才能打動人心，才能對自己發揮作用。唯有一一看清自己真正身處的情況、自己真正的心聲，並且守住對自身情況的心理眺望權，內心才能獲得撫慰與安定。用全身心去體會，才能真正了解；而真正了解後，才能看見脫離混沌的道路。

要想成為某人的同理者，為他分憂解勞，就必須向「當事人」探問他的內心。比起提出自己做為「協助者」的見解和主張，更重要的是關注「當事人」，向本人詢問他內心的感受。他內心細膩的情緒，只有他本人知道。我們必須揚棄「專家無所不知」的想法，才能一步步將問題轉向當事人。如此一來，對方將能從自己才明白的內心中，看見一條脫離混沌的道路。在當事人依稀感受到這樣的轉變，並且實際走上這條道路前，絕不放開他的手，這才是同理者的任務，也才是真正的治療。

同理的先後順序

面對從小在家庭暴力下長大的朋友，請先不疾不徐地詢問對方的心情，如此一來，原本籠罩在朋友心上的濃霧將一一散去。但是請稍等，在詢問對方的心情前，有件事必須特別留意：請先想想朋友是否能無所顧忌地敞開心房。那段往事也許是朋友第一次說出口，而且還是關於母親的負面情緒，他真能暢所欲言嗎？在詢問朋友之前，務必先仔細考慮對方的心情。

試著站在朋友的角度思考。朋友可能有各種顧慮，「我這樣說會不會太多嘴？」、「如果好友以後看待我的眼光不一樣，我該怎麼辦？」以至於難以啟齒。唯有解決這個不安，朋友才能真正敞開心房。

在朋友開口後，如果還不能察覺朋友心中微微浮現的不安，對話將會立刻中斷。即便這時試著同理對方，告訴對方「原來如此，你這麼辛苦呀」，對話仍有可能中斷。就算丟出其他看似同理的話語，讓對方知道「那不是你的錯」，也可能無法打動對方，甚至讓對方感到敷衍。

這也不行，那也不行，究竟我該如何是好？此時，比起同理朋友對母親的情緒和創傷，更優先要同理的，是朋友說出這件往事時的壓力和不安。因為那才是朋友此時此刻最真實的情緒。只有這麼做，才能繼續接下來的對話。

如果不那麼做，朋友也許會在表達對於母親的複雜情緒前，試著先為母親緩頰，「我媽那時候也很辛苦，所以才會那樣的。」甚至避重就輕地說：「唉唷，以前大家都是那樣被打大的。我的情況只是稍微嚴重一些啦。」最後對話不了了之。如果朋友當下的情緒沒有得到同理，自然不會說出過去的創傷；如果此時此刻的情緒沒有得到同理，朋友就沒有力氣提起之後的話題。要讓好不容易開口的朋友一步步打開自己的心房，說出意義深刻的心聲，必須先同理朋友當下的情緒。同理是給予某人力量，使他得以一步步跨越看不見的難關；使他能回過頭來進入自己的內心，遇見躲在內心深處的自己；使他懂得反求諸己，掌握洞察內心全貌的眺望權。

「就算現在說這件事，心情也不會比較好，不是嗎？」對於朋友這樣的不安，應該先給予理解，點出朋友的心境，並給予同理。「要你說出媽媽的事情，一定非常痛苦吧。」像這樣一語道破朋友的不安。對朋友而言，若有任何人願意理解自己當下感受到的不安，那個人必然是最關懷、最關注我內心的人，也必定是願意無條件接受我最真實面貌的人。

人們唯有確信自己遇到了那樣的人，才會產生安全感。如此一來，他們才願意袒露自己的創傷，也才願意放下自己的不安，進入更深的自我故事中。

當我告訴這名男子，必須先點出朋友的不安，給予同理後，朋友才會放心說出自己的事情，不料他忽然告訴我：「其實我說的朋友就是我自己。」也許是當下的他感到絕對的自在，覺得說出自己的事也沒關係，所以完全卸下了心防吧。

「啊，原來如此。您母親從什麼時候開始那樣的呢？」

從那時開始，我轉而向他提問。他也感到輕鬆自在，所以從那一刻開始，我全神貫注地傾聽他的故事，並盡可能對他舉手投足間流露出的真實心情和情感給予同理。

「我國小三年級的時候，爸爸公司開始走下坡，媽媽好像是從那時候開始改變的。她那時候覺也睡不好，整天緊張兮兮，還曾經在清晨把我叫醒。從此以後，我就常因為一點小事在清晨挨揍，挨揍完才去學校上課。」

「天啊。這麼小的孩子，該有多痛苦啊？那種狀況下又怎麼有辦法去上學呢？」

他開始對我說起兒時那個只能用衣服蓋住瘀青再去學校的自己，說自己再怎麼討厭上學，也不得不離開家門，以免再被媽媽揍。

「就算去了學校，又怎麼能專心讀書呢？」待我說完，他應了一聲「就是說啊」，娓娓道出那段重考的生活。

「我到現在都覺得自己的頭腦不好。因為頭腦不好，所以要比別人更加努力，才能得到和別人相同的成就。但是我又比較貪睡，實在很討厭這樣的我。既然頭腦不好，當然要比別人更勤奮才可以，但是我辦不到。我一直對這樣的自己很不滿。」

他把注意力不集中、經常想家的情形，看作是自己頭腦不好又懶惰的證據。一個經常挨母親一頓揍才去上學的孩子，要如何專注學習，又要怎麼總是充滿幹勁？我深深感受著他的痛苦，並且給予同理。

「您從小用盡渾身解數才堅持到現在，卻還怪自己頭腦不好，嫌自己懶惰呀。」

我沒有批評他的想法不對。不管他的表現是否優秀，還是真的對自己太苛刻，我只要讓自己變成他面前的一面鏡子，繼續映照出他最真實的模樣。

「是呀，我只會怪自己呢……」

「是吧。您又被媽媽打，又把自己逼得那麼緊，這孩子肯定很痛苦吧？」

那天，他毫不保留地說出埋藏在心中的許多回憶，重新回顧對自己冷酷無情的那個自己，哭得唏哩嘩啦。他憑藉著我給予的同理之力，一步步走過難關，娓娓道出自己的故事。在他講述的同時，彷彿用手輕輕觸摸著自己不同的面貌。原本一味自責的他，開始清晰地描述自己對母親的憤怒，甚至說出對父親軟弱又不負責任的厭惡。與此同時，他也真實表現出對父母無限的憐憫。

人類不是單細胞生物，面對各式各樣的情況，自然會有複雜多變的情緒。對父親與母親天差地遠的極端情緒，呈現出他對父母兩段人生的多元態度。即使兩種情緒互為矛盾，他的情緒永遠是對的。那天我就像和他一起站上衝浪板一樣，一邊聽著他的故事，一起與他隨波擺盪。

訴說自己的創傷，有助於重獲生機

在同理的協助下，最終對自己有更立體的認識，這將有助於當事人重獲自由。他們在全然接受自我存在並重新梳理個人感受後，一切將變得更加自在。就像從化膿的傷口中抽出膿水一樣，他們在同理的擁抱下，一一挖出悲慘的過去，而抽去膿水的地方將會長出新肉，當事人也將在訴說個人創傷的同時，重新獲得長出新肉般強健的生機。

訴說傷痛時感受到的那種疼痛，不是患病的疼痛，而是身體即將復原時的疼痛。在旁人持續的同理下逐漸揭開自我創傷的人，自然會明白這股疼痛是身體復原過程時的疼痛。所以即使痛苦，他們仍能繼續說下去。當創傷浮現、疼痛開始的瞬間，若能以光速將同理覆蓋在創傷與痛苦之上，傷口將重新長滿新肉。

同理是一管藥膏，能使傷口更加明顯，並且在完全露出的傷口上徹底化開，迅速滲入傷口。同理不是噴灑在表面的噴霧劑，而是掀開衣服露出傷口後，塗抹在傷口皮膚上的藥膏。精準且高度專注的同理，能承擔起徹頭徹尾解決問題的責任。同理是主導整個治療過程的強效治療劑。

同理的原則 5

內心的感受永遠是對的

在一個討論與分享同理的場合上，有著一位國小兒子的母親遞給我一封信。

某天，孩子的導師打電話給我，說我家孩子打了其他孩子。因為這種事之前沒有發生過，我很好奇具體的情況，也認為應該和孩子嚴肅談論這件事，所以和孩子促膝長談一番。「我是有打人，但是那個人先說話惹我的。老師發了好大脾氣，我知道我錯了。媽媽，對不起。」

我心想孩子在學校已經把事情處理得差不多了，便對孩子說：「好，無論如何，先使用暴力就是不對的。你知道錯就好。下次別再那樣了。」

沒想到孩子委屈地哭著對我這麼說，「媽媽你這樣不行，你應該要問我為什麼會打人啊。老師只會罵我，我已經覺得很難過了，媽媽要安慰我才可以啊。是那個人先惹我的，我忍了好久才打他。怎麼連媽媽你也怪我不對呢。」話一說完，孩子立刻放聲大哭。

那時候我才知道，孩子的心情怎麼樣、孩子有多傷心、為什麼只能選擇打人，這些問題我一個都沒問。我犯了大錯，沒有關心他做出那個動作前的心情，甚至沒有先安慰被老師罵過的孩子，就先追究他為什麼打人。

我這時才意識到表面看似解決的問題，其實孩子的心情並未就此平復，也發現承認自己錯誤，為自己的錯誤道歉的人，其實也渴望得到同理。尤其越敏感的人，越是那樣。

孩子邊哭邊說的這段話，隱藏著許多訊息。

「媽媽你這樣不行，你應該要問我為什麼會打人啊。老師只會罵我，我已經覺得很難過了，媽媽要安慰我才可以啊。是那個人先惹我的，我忍了好久才打他。怎麼連媽媽你也怪我不對呢。」

孩子的一言一語猶如宣讀一份同理憲章，精準指出同理必須切入的時機與位置。而全然接受孩子的感受，對此自我反省的這位母親，也得到了精準的啟發。

感受與行為是兩回事

可能會有人說，對於想法與行為偏差的人，怎麼能給予同理？如果不告訴當事人那是錯的，他就會繼續犯錯不是嗎？其實沒必要擔心那些。我的同理所關注的，不是他的想法與行為，而是他的內心，也就是他的情緒。一個人的感受與情緒，是同理標靶上最核心的目標。（我所謂的「內心」，是情緒、感受等單詞的同義詞。人們更容易將內心理解為等同於情緒、感受的用法，也許是因為這樣，當我詢問人們「你的內心感覺如何」時，多數人都會說出自己的感受。）

就算不認同孩子打別人的行為，只要了解當時孩子的內心，就能立刻同理孩子。這正是同理。當自己的內心得到同理，即使沒有人告訴孩子對錯，孩子也會立刻知道自己的行為錯在哪裡。在沒有造成親子關係決裂或任何副作用的情況下，孩子便主動承認了所有過錯。其實沒有什麼好擔心的。

一個人的想法、判斷、行為再怎麼不對，只要有任何人關心、詢問他的內心，原本複雜的情況將立刻迎刃而解，其效果令人驚訝。確信自己內心得到同理的人，必定願意承擔自己該承擔的角色或代價，負起該負的責任。這是因為他們感受到自己的內心得到他人完全的接受，委屈得以釋放。所以，「人心永遠是對的」這句話永遠成立。

在檢察機構史上最受同事與晚輩敬重的L檢察官，不僅為人溫和，其調查能力也堪稱表率。在檢察機構頻繁使用暴力（甚至拷問）的年代，即使是處理重大案件，他也從不使用脅迫的手段，卻總能比別人更快速、從容地解決案件，因此享譽檢察界。

在調查嫌犯時，他問了不少和案件無關的私人問題，如此一來，不但問到關於嫌犯家人的資訊，也探聽到嫌犯艱困的家庭遭遇和悲慘身世。和對方聊這些話題的同時，也與對方產生了一定的親密感。L就是這樣投入大量時間和心力在對方的私事上，所以即使沒有脅迫對方，嫌犯也常會主動坦承過錯。

L檢察官給人富有同理心的形象。先不說他是否有純粹的同理心，就調查技巧方面來說，他能夠數十年如一日維持那樣的態度，確實堪稱優秀的同理能力。

L檢察官曾提到某次個人經驗，他正聽著嫌犯瑣碎的私事，然而在某個話題的尾聲，嫌犯忽然提起許久前殺人的細節。這名男子一五一十交代完具體的犯罪過程後，躺在審訊室的長椅上呼呼大睡。儘管嫌犯之後還得為過去的犯罪付出代價，但是相較於現實情況中的刑罰，他的內心卻是無比自在。

一個人的行為和想法，與他的內心是兩回事，只要知道這個事實，我們就能盡情給予他人同理，對同理的顧忌也會消失。只要盡全力同理對方，即使對方性情再怎麼倔強、兇殘，也能撼動對方的心。反之，即使是平時講究公平合理的人，當他行為背後的動機得不到他人的同理時，自身的合理性和邏輯性也將無法正常發揮。甚至他擅用的合理性反而可能淪為詭辯，用以維護自己扭曲的內心，最終離本意越來越遠。當眾人眼中平時思考縝密、態度謹慎的人，開始提出牽強且不合理的主張，讓人難以理解時，就很可能是沒有得到同理所造成。

同理是問出隱藏在行為背後的動機

接到導師來電的母親，認為當時情況有必要嚴肅處理，於是開始和孩子對話。然而在孩子敞開胸懷前，母親早已自行做出判斷與評價了。這位母親並不知道，在了解孩子的內心前，不必急著掌握整個事件的全貌。

當母親認為必須用嚴肅的表情和孩子對話，才是正確的做法，並且以這種態度和孩子對話時，那一刻起，她已不是一位母親，而是執行最終審判的法官。這時，對話的目的只在於宣判結果和懲罰，而不是探究孩子的內心。此時母親的眼中只有我（母親），沒有你（兒子）。對話必須在有我有你的前提下展開，所以這對母子的對話自然不可能正常展開。

聽見孩子哽咽的回答，那一瞬間母親才意識到「你（兒子）」的存在，並且立刻覺悟到這些道理：表面看似解決的問題，其實並沒有解決到內心；承認自己的錯誤，為自己的錯誤道歉的人，其實也渴望得到他人的同理；同理才是真正和解的途徑；越敏感的人，越是如此。我對這位母親的洞察與覺悟感到訝異，她完成了艱難的挑戰。

那位母親的態度令我深深感動。我想身為這樣一位母親的兒子，自然會願意毫不保留地袒露自己的內心，也必然清楚知道自己的內心應該受到何種對待。過去在這對母子之間關於內心的無形學習，最終保護了孩子自己。**雖然是打了人的孩子，但他的內心永遠是對的。**

同理的原則 6

情緒永遠正確，行為則不一定

女子的丈夫投身人權示威集會時，遭到警察隨意毆打，後來雙腳喪失了功能。她才年方三十，只能母代父職肩負起家庭生計，膝下育有三個孩子，還得照顧病榻上的丈夫。對她而言，日常不過是在無力與憤怒之間轉換的情緒。就在丈夫病情惡化之際，她的憤怒達到了極點。正好此時我遇見了她，她顫抖著身體對我說，「要是我有駕照的話，我真想開貨車撞進警察廳大門，把全部都燒掉，反正我也不想活了。」

我立刻吐槽她，「何必需要駕照，直接撞進去就是了。沒有駕照也可以呀！」

這句話是火上澆油，讓試圖採取暴力自殘行為的人更加憤怒嗎？當然不是。真正為她的憤怒火上澆油的，是不把她表現出來的憤怒當一回事的行為。那些一心要將她的怒氣轉向其他地方的人，以及信口說出「我懂你的憤怒」的人，才是為她的憤怒火上澆油。也有些人會勸她：「我知道你的心情，但是好歹為孩子著想啊。」、「我明白你的心情，但是你要讓丈夫帶著罪惡感活下去嗎？」這些話的效果只會與他們的意圖背道而馳，反倒滋長、強化她的憤怒，為她的憤怒火上澆油。

聽完我的「不必駕照」說，當事人的她先是一愣，看了我一眼，忽然笑出聲來。原本她正宣洩著激烈悲慘的憤怒，一瞬間緊繃的情緒消失無蹤。她接下來雖然更具體地說明自己憤怒的心情，不過已經懂得抽離憤怒的情緒。像是把自己的憤怒放在眼前，看著這個憤怒描述一樣。她說話的時候，彷彿瞬間把說話的自己，和另一個充滿憤怒、深陷地獄的自己區隔開來。

現在的她能說出自己的憤怒，情緒又不隨憤怒起伏。曾經深陷憤怒之中的她，之所以能那樣瞬間脫離憤怒的情緒，正是因為她覺得自己的憤怒得到了完全的理解與接納，因為她個人的情緒沒有被任意批評。

她那番激烈的言論，並非真的「毀滅完一切，我也要死」的意思，而是當下自己的委屈與憤怒，達到了想毀滅一切，想自我了結的程度。只要有任何人一個人聽懂她的內心，接受她的情緒，都能讓她從委屈中脫身。那怕是只有一個人也好。

人的情緒永遠是對的。即使想殺人、想毀滅一切，那種心情也是對的。只要有任何人認同這個心情是對的，當事人想毀滅一切、想死的心，也將立刻煙消雲散。如此一來，才能從憤怒的地獄中脫身。

要是她真的毀滅了一切、傷害了他人，那也是對的嗎？要是她選擇了自殺，那也是對的嗎？既然說人的內心都是對的，那她的破壞性行為和價值判斷也是對的嗎？不是的。人的情緒永遠是對的，但是這個情緒引發的行為不完全是對的。這是兩回事。

情緒和引發的行為，是兩回事

為了遺產的問題，大哥和其他兄弟姊妹之間吵得不可開交。大哥認為遺產本就是自己的，所以比弟妹們多拿了五倍的遺產，弟妹們對此大表不滿。和大哥關係還算不錯的妹妹，像是雙方代言人一樣往來兩方試著調解。她雖然盡可能傳達了其他弟妹的想法和立場，試圖說服大哥，大哥卻不為所動。時間一長，聽了雙方許多抱怨的妹妹，也已經精疲力盡，甚至怪罪自己為什麼要出頭管自己沒能力處理的事，對大哥只有滿腹怨恨。

她問我，「大哥的情緒也是對的嗎？大哥的情緒也應該得到同理嗎？」

當然。但是有一點必須知道，情緒永遠是對的，但是這個情緒引發的行為不完全是對的。情緒永遠可以給予同理，但是行為或價值判斷可以不認同。

大哥為什麼那樣估算自己應得的份，又為什麼堅信非得那樣不可，那是源自於什麼樣的想法，這些都得問清楚。旁人沒辦法接受，當然要問個清楚。對於無法理解的事情，自然無法同理。妹妹後來問了大哥，而大哥似乎早已做好準備回答妹妹的問題。

原來在父親接受腦部手術時，兄弟姐妹決定分攤醫療費，合資了一筆錢。當時大哥的岳母也被診斷罹癌，正接受治療。夫妻還得照顧妻子娘家，在經濟和心理上都是極大的壓力。那時弟妹們紛紛使眼色，說大哥是大哥，不是應該多付一點父親的醫療費嗎？因為這樣，夫妻沒能給足岳母的醫療費。當時弟妹們對自己說的那番絕情話語和眼神，深深烙印在大哥的心中。他被弟妹的態度傷得很深，心裡非常難受，覺得弟妹對自己太無禮，沒有尊重自己是大哥的身分。事過境遷，當時感受到的侮辱、委屈、憤怒，依然歷歷在目。

聽完大哥說起這段意想不到的往事，妹妹這才明白原委。雖然已經太遲了，不過大哥當時的傷害仍需要同理。既然已經知道當時是無意間傷害了大哥，那麼最好向大哥道歉。

「原來如此。大哥你那時候心裡那麼難受，一定覺得我們弟妹很不近人情、很討厭吧。」

獲得他人的同理，猶如春天降臨心中。河水冰凍時，帶著鐵鎚和鐵釘去敲碎河面冰塊，是相當愚笨的行為。這種行為其實就是批評對方、指正對方的教化行為。就算用盡全力，也無法敲開所有河面上的冰塊。然而當春天來臨時，河水自然會溶化。同理能為內心喚來春天。

說出長久以來埋藏在心中的不滿和創傷，並且得到弟妹們的道歉後，大哥的內心釋懷了不少。也許是傷口有所好轉，大哥同意讓出自己的部分遺產。之後雖然重新調整了遺產的分配，大哥依然主張自己分配到的遺產必須是弟妹們的兩倍。雖然其中兩位弟妹能理解過去大哥受到的傷害，但是依然覺得大哥太過貪心。

弟妹們沒有義務連大哥的價值判斷和行為都全盤接受。那是兩碼子事。大哥過去難受的心情可以給予同理，但是因為這個情緒而施加在弟妹們身上的行為，並非同理的對象。要說在這個行為上大哥有什麼必須付出的代價的話，答案會是這行為的後果。當眾人都認為大哥堅持要兩倍遺產是貪心的行為，就可能這麼說：「我們已經同理數百遍大哥的難受了，就算這樣，大哥這種行為是不對的。」他們也可能不想再見到大哥，決定和大哥分道揚鑣。那麼再也看不到弟妹們的不安，和被弟妹們否定的另一個創傷，將是大哥的行為導致他必須承擔的後果。

弟妹們雖然決定和大哥老死不相往來，也不代表他們是沒有同理心的人。他們不認同大哥沒有身為大哥的榜樣，但是能同理大哥受傷的內心。即便如此，弟妹們決定再也不與大哥見面的決心，也應該得到同樣的尊重。

就算同理，有時也需要終結關係

同理者不是和所有人相處融洽的人。你有情緒，我也有情緒。當我們明白你和我都是必須同時受到尊重、獲得同理的獨立存在後，將會接受這樣的事實：決定終結關係的力量，也是在互相給予同理的關係中重要的一環。因為終結關係，有時是為了同時保護你我不得不做出的選擇。

不敢做出這樣的決定，只好哭著咬牙堅持這段關係的行為，不但是傷害自己的行為，更可能使對方錯失反省自身行為的機會，結果便是兩敗俱傷。如此一來，又引發了其他的問題。

我們不可能和所有人和睦共處，也不可能成為所有人的同理者。如果真有那種人，他必定不是同理者，而極有可能是因為過度的情緒勞動，最終默默消失的人。

好比上述打人的孩子和母親之間的問題，那些出現在父母與未成年子女之間的多數情緒衝突，其實是父母沒能真正同理孩子所造成的問題，幾乎都是父母用心就能解決的情況。當父母理解關係的本質、主動道歉，並給予完全的同理，從那時開始，衝突就能迎刃而解。

成人之間的關係又不一樣。雖然我也有我必須承擔的責任，但是只有單方面努力是不夠的。對方也有必須承擔的責任，我沒必要連他的責任也攬在身上。你有你的責任，我也有我的責任。無論在何種關係中，如果存在心理上不對等的上下關係，並且持續往單方面付出、極端的方向發展，那麼終結這種關係才是健康的行為。留得青山在，不怕沒柴燒。

同理者不是和所有人相處融洽的人。弟妹們決定和大哥老死不相往來，這種情緒也是對的。

・唯有從各個角度仔細、緩慢、清晰的窺看人心，才能達到同理；越深入了解一個人的情況和內在，越能理解對方；越理解對方，越能深度同理對方。所以同理不是與生俱來的天性，而是自己一路跌跌撞撞的所得。

・如果門是存在本身，門把則是當事人的「情緒」或「感受」。當我們正確瞄準一個人的情緒或感受，給予同理時，當事人的內心將隨之敞開。同理是轉開門把的力量。

第四章

劃定界線

能同時保護我和你，才是同理

我們都是獨立的個體

國家擁有獨立的領土、獨特的歷史與法律、語言，並且具備特殊的文化與風俗。各國的飲食文化大不相同，氣候亦不相同。有寒冷的國家，也有一年到頭炎熱的國家；有地質條件穩定的國家，也有地震、颱風等天災頻繁，能瞬間造成巨大損失的國家。有的國家蘊藏豐富且珍貴的地下資源，有的國家多數土地貧瘠，幾乎寸草不生。

人類也是如此。就像國家一樣，每個人都是獨特且獨立的個體。我擁有和我以外的人完全不同的成長歷程，個性和特質也不相同，甚至同卵雙胞胎或連體嬰也是如此。說話的語氣或性格、愛好或興趣、口味，也各不相同。世界上不存在兩個完全一樣的國家，當然也不存在兩個完全一樣的人。無論規模大或小，國家與國家永遠是一對一的同等關係，不是十個擁有千萬人口的國家站在一起，才能等於一個擁有一億人口的國家，更不用說號稱「每個人都是一個小宇宙」的人類了。

國家與國家之間有國界，國界是一個國家物理上的主體防線。無故侵犯其他國家的國界，代表不承認這個國家的主權，是向對方傳遞「我不肯尊重你」的訊息。此時，遭到侵犯的國家必須全體動員阻擋外國勢力，甚至不惜發起戰爭。如果不能成功阻擋他國的挑釁，結果將是喪失生命或慘遭蹂躪。唯有國界堅不可摧，人民才能平安生活。所以在各個國家的國界上，都有武裝軍人嚴密執行警戒。

就像國家之間的國界一樣，人與人之間也存在著界線。我們說所有人類都是獨立的個體，意思是在你我之間有個明確區分兩人的界線。就像我們身體的界線在皮膚一樣，國界守衛隊執行的任務，在人與人之間的界線上也不可或缺。但是人與人之間的界線無法用肉眼看見，更難以堅守界線。我們必須認知到界線的存在，才能保護自己，也避免侵犯到對方。

許多時候我們沒有守住自己的界限，搞得自己傷痕累累，卻又不知道為什麼自己那麼痛苦。相反地，有時候是我們侵犯了別人的界線，隨意踐踏破壞，卻又絲毫沒有察覺，還辯解是為對方著想才那麼做，責怪對方的無知令自己感到失望，錯以為自己才是受害者。甚至當事人也沒有意識到自己做了那樣的事。人與人之間的界線是無形的，所以要堅守人與人之間的界線，首要之務是對界線有所認知。

在給予彼此同理時，也得明白界線的道理。在我和你的關係中，雙方必須清楚知道到哪裡是「我」，從哪裡開始是「你」；知道何時必須同理「你」，何時「我」必須先得到同理，這樣才是對你我都有幫助的同理。認知到界線的所在，將可提高同理的精準度。

沒有人能任意侵犯我的主權

否定對方主權，無異於侵犯界線。當主權遭受損害，人們將產生被侮辱、被輕蔑的恥辱感，同時因為這樣的情緒感到憤怒。當這些情緒高漲時，代表我們的界線正受到侵犯。

一位從事技術職的四十多歲未婚女性A，與同齡男性交往許久後，決定與對方結婚，卻因為獨居的母親大力反對，承受了巨大的壓力，甚至嚴重到長帶狀皰疹。對方長相尚可，在不錯的公司工作，年薪優渥。母親之所以反對這個所有人都覺得不錯的對象，是因為男人做的不是技術職工作，她擔心日後女兒得看丈夫臉色過活。儘管小倆口又是苦苦哀求，又是禮物攻勢，試圖說服母親，母親依然不為所動。雖然A想強行結婚，但是又擔心母親可能受不了刺激而昏倒，屆時將一輩子活在自責之中，急得不知所措。

A表面看來是顧慮母親想法的孝女，但是她並沒有認知到自己和母親之間存在的界線。

即使自己的主權被奪走，她也沒有覺得被輕蔑或感到恥辱、憤怒等情緒；即使母女關係中的界線已經崩塌，她仍未察覺，繼續付出不必要的努力，讓自己身心俱疲。沒有意識到問題的根源，卻依然盡其所能地付出，這無異於對空鳴槍。沒有瞄準目標物的射擊，再怎麼射擊也打不中目標。

A就像沒有國界守衛隊的國家。母親如侵略者般破壞界線，攻入了A的內在情緒和意見決策的領地，A卻沒有要求母親離開，也不敢與母親正面對決，甚至一錯再錯，為侵略者侵入自己的辛勞感到不捨、難過，就像關心拿刀砍自己的人手會不會痛一樣。

因為A沒有察覺到自己被侵犯的事實，導致深愛自己的男人平白受辱，被迫活成「討好女人的偉人」；因為沒有守住母親和自己之間的界線，讓自己淪為傷害情人的無禮之人。沒能堅守自己的界限，不但無法保護自己，同時也讓自己變成侵犯他人界線的加害者。

A的母親不管喜歡還是討厭女兒的男友，都有表達意見的權利，但是一切僅限於此。要不要結婚，這個決定權不在母親手上，母親也沒有那樣的資格。儘管如此，A的母親卻像是掌握一切生殺大權一樣，破壞他人的國界，殺入國內篡奪該國的主權，變成不折不扣的侵略者。然而在這種情況下，面對身為侵略者的母親，A這個被乞丐趕走的廟公反倒擔心起乞丐來。一個界線已經蕩然無存的人表現出這樣的態度，實在令人惋惜，也非常不恰當。A的多次退讓，是對母親的過度保護。

雖然母親是站在女兒的立場為女兒操心，不過這種操心毫無必要。母親太不了解做為個體的人，才會那麼做。當我們說人是獨立的存在時，意思是每個人會自發的隨著自己的身處情況和關係變化，持續做出改變與適應。無論老人、幼兒還是成人，任何人都一樣。

所有人都具有做為個體本身獨立、固定的心理機制。就算再怎麼不喜歡女兒的男友，當這個男人成為女兒的丈夫、自己的女婿時，當事人對待這段關係的心情和價值判斷也會有所改變。因為人會受改變的情況影響，並試著適應改變後的情況。適應是人類的本能。即使最後無法適應，這個不適應所帶來的難受，也是母親必須自己承擔的後果。

在對談過後，A強行舉辦了婚禮。她的母親依然對女婿不甚滿意，但是並沒有昏倒，依然健康地活著。母親對女婿的不滿不是女兒必須解決的課題，女兒沒辦法也沒必要解決。那是母親必須自己解決的課題，也是在女兒的界線外、母親的界線內的課題。母親難受時，雖然界線外的人可以給予幫助，但是那絕不是女兒的責任，也不是因為女兒犯了什麼錯造成的。認清這種界線，並將責任回歸到母親身上，母親的情緒才能在女兒介入前快速整頓好。

女兒如果沒有意識到母女之間的界線，繼續介入母親的情緒，母親將會把自己的不滿和厭煩的情緒發洩在女兒身上。只要母親沒有認知到這是自己的課題，問題就無法解決。母親的課題必須交給母親自己解決。

過度保護不是保護

一場意料之外的事故，讓當事人痛失兒子，也是爺爺（當事人的父親）最寵愛的長孫。辦完兒子的喪禮後，這名父親還是沒有勇氣把孫子的事情告訴故鄉的老父親。因為有高血壓的老父親聽到消息，肯定會倒地不起。在事故後的兩年間，每次回到老父親的家中，他都告訴老父親兒子去國外留學了。老父親偶爾打電話來時，他的心總是七上八下的，擔心老父親問起孫子該如何是好，又該怎麼說明。

聽完這名父親的話，我問他，「如果您父親要到死後才知道孫子比自己更早到了陰間，不會覺得自己愧對爺爺的身分嗎？如果您父親知道兒子顧慮自己，才一個人吞下喪子之痛，為了自己努力忍受痛苦，不會對兒子感到抱歉嗎？您有想過老父親知道兒子失去了孩子，承受著比死還強烈的痛苦，自己卻沒能以父親的身分給兒子一句安慰，反倒讓兒子過得更痛苦，他會有多麼自責嗎？」

雖然上了年紀，不過老父親並不是一碰就碎的玻璃。他曾挺過更艱難的歲月，是一座讓今日的我們得以存在的大山。我繼續問他。

「您是不是小看了父親，過度保護他了？您是不是把父親看得太簡單了？您認為自己是想法成熟的大人，是承受喪子之痛的人，而您的父親是沒有羞恥心，連一點痛苦也承受不了的弱者嗎？」

聽完我的問題，他哭了好一陣子。幾天後，他一個人回到老家，告訴老父親孫子去世的消息，像個孩子放聲大哭。他說擔心父親遭受太大的打擊而傷心，所以沒有告訴父親，哭得不能自已。意外的是，老父親回說自己已經知道這件事，但是擔心自己知道一切的事實會造成兒子的負擔，所以一直忍著沒說。又說逢年過節都得假裝不知道，自己也過得非常辛苦。最後這對父子抱頭痛哭。

任何人都是獨立的存在，能根據情況改變行動與適應。只要相信這個事實，就能在互相傾訴傷痛、抱頭痛哭的同時，認同之間存在的界線，並且成為彼此活下去的動力與源泉。唯有意識到看不見卻真實存在的界線，所有人才能做為獨立的個體，昂首挺胸地活下去。

優先守護自己

「聽到人們傾訴難過的事，自己也會產生那樣的情緒。這麼辛苦的工作，您是怎麼繼續做下去的？」這是我最常被人們問到的問題。

這裡說的「工作」，自然是指心理治療相關的工作。聽見對方辛酸的故事，自己也會感到難過，這固然是對方的痛苦轉移到我的身上，不過更重要的在於，某種連結到自我內在創傷的情緒被激發出來的時刻。在我擔任菜鳥精神科醫師時，有過無數類似的經驗。

在我十二歲時，癌症治療七年多的母親離開了人世。充滿暗灰色調的兒時記憶，讓我覺得自己像是被整個世界拋棄，感到前所未有的孤單。我的青春期同樣過得迷茫，時常感受到年輕父親的憂鬱與無力感。即使在我成為精神科醫師後，聽著某些人的心聲時，年少記憶中的憂鬱和自卑仍會不經意地闖入我的意識中。

每當此時，對方的故事總會逐漸模糊。有時是左耳進，右耳出，有時覺得那種程度簡直是無病呻吟，有時甚至無法專注於對方的故事，反倒深陷在我的創傷記憶中。我分不清內心隱隱作痛的原因，是同理對方的痛苦所造成，還是源自於我個人的痛苦。對方的痛苦與我的創傷融合為一體。這種混亂帶來不安，而不安又使我懷疑自己是否有資格傾聽他人的痛苦，責怪自己選錯了職業。

在我的創傷得不到同理與治療的那段時間，我的職業帶給我極大的痛苦，甚至有了轉換跑道的想法。後來雖然連續幾年接受前輩醫師的精神分析諮詢，獲得某種程度的幫助，不過改變我的關鍵因素，還是丈夫（他是我的老師、戀人，也是我的戰友、伴侶）在日常生活中不斷同理我的經驗。這些得到同理的時間，可以說比我穿上醫師袍的時間要多出百倍。

如此一來，我開始一點一滴慢慢地改變，直到完全蛻變。那段時間，我盡可能展現出內在的自己，並且得到同理與理解，當然也得到了毫無保留的愛。漸漸地，我的職業從痛苦轉變為喜悅。從那時開始，我才得以全心投身到面對他人痛苦的心理戰中，這是上天賜予的祝福。

健全的同理，始於對界線的正確認知

想要成為某人的同理者，必須要能同時同理自己的創傷才行。給予同理的前提是接受同理。就像同時自轉和公轉的地球一樣，同理是關注其他人的同時，也關注自己、同理自己的行為。雖然圍繞著對方打轉，卻同時不忘以自己為重心，這才是真正的同理。

同理本是互相的、彼此同時進行的活動。當地球忙著自轉而無暇公轉，或忙著公轉而無力自轉時，大自然的運行原理將被打破，同理也是如此。失去相互性與同時性，同理便不存在。傾聽他人傷痛的同理者就像嫩豆腐一樣脆弱，在傾聽的過程中可能讓自己的傷口再度潰爛，或者承受新的傷害。同理者與受傷者不是井水不犯河水的關係，兩個人本質上都是受傷的人。

同理不是單純「給予」對方同理的行為。如果不能敏銳察覺他人對自己創傷的同理，那麼自己同理他人的感覺也會變得遲鈍；如果你我雙方不能互相同理，那麼任何一方的同理都不會有效果，這正是同理的奧妙之處。所以同理既拯救你，也拯救我；所以同理是治療的完美型態。這個完美的基礎始於對自我保護的感覺，而自我保護始於對自我界線的敏銳度。

走進創傷的現場，許多奉獻一己之力的同理者，例如志工、社工、市民運動者等，有不少人正承受著心理上的虛脫（倦怠）。感到虛脫最常見的原因，正是「強迫同理」。因國家暴力而失去家人的受害者，他們的悲慘與苦痛不是第三者可以想像的。同理者與他們吃在一起、睡在一起，陪著他們哭泣，與他們一起準備集會和抗議，在此過程中分擔著他們的痛苦。同理者就像參與心理戰的士兵。

即使同理受害者的痛苦與悲傷，同理者在其他地方也可能與受害者意見相左。例如在擬定實際抗議計畫，決定工作分配時，彼此的意見可能出現差異。意見相左是理所當然的事，但是同理者在這種情況下，對於自己與受害者意見不同常感到難以啟齒。即使因為接受了受害者的意見，導致個人必須付出不恰當的犧牲時，他們也不敢拒絕。

於是同理者忍受著自己根本不同意的事情，最後產生憤怒、厭惡的情緒，並伴隨著意料之中的自責感，這是因為他們認為厭惡受害者的人是壞人，而自己竟也如此。當他們痛到呻吟，再也無法無法忍受時，甚至會有默默離開現場的一天。這是不顧同理的相互性與同時性的結果。

從某些方面來看，身處創傷現場這類極端痛苦的場合，同理者更應該盡全力保護自己，而不是保護受害者。唯有對自我保護高度敏感的人，才能承擔起同理他人的行為。

一位幫助過國家暴力受害者家屬的人，某天急急忙忙找上我。他說自己晚上睡到一半，忽然穿起衣服出門，但是醒來後對這件事卻沒有任何記憶。當時他開車出門後，與其他車輛發生擦撞，還遞給對方自己的名片，直到對方連絡自己，才得知這件事情。自己像斷片一樣沒有任何記憶，但證據卻真實存在。他覺得太可怕了。這其實是解離性障礙中的漫遊症（Dissociative fugue）。

他多年來與遺族家屬一起上山下海，承受著高度壓抑的情感。他坦白告訴我，自己經常忍不住對受害者大發脾氣，卻不能理解自己為什麼會那麼做。每當此時，又督促自己不可以忘了初心。

我問他，「對受傷的人發脾氣，這好像連人都稱不上了吧？對弱勢的人發脾氣，這樣您和您曾經討厭的人，不就沒有兩樣嗎？」

原本像刑警審問嫌犯一樣嚴厲批判自我的他靜靜聽著，在許久的沉默後開口。他說起一位自己盡全力幫助的受害者，控訴這個人對自己相當無禮。他就像向母親打小報告的孩子一樣，告訴我這個受害者是多麼令人心寒的傢伙。說著說著，他忽然停了下來，對我說：「就算這樣，這個人本性並不壞。」

我也坦白告訴他，「要幫他找藉口的話，以後再說。你現在有充分的理由對他發脾氣。我想你這段時間一定是忍無可忍了。」

他雖然知道對受害者發火是自己的不對，不應該被接受，卻又對厭惡的人辯護。我嚴詞反駁他的想法。他的心情也必須得到他人的肯定，日後才能更游刃有餘地同理受害者。

曾經對受害者大發脾氣，又哭著責備自己淪為壞人的他，說起了自己兒時的回憶。他的父母經常激烈爭吵，甚至一言不合就持刀相向。但是他說自己對這段往事的記憶，比其他兄弟姊妹還要模糊。每次遭遇自己承受不了的痛苦時，他總想將痛苦像挖布丁一樣從現實中挖去。分離與解離，是他處理個人生命痛苦的方式。

他怨恨受害者的心情，與自己兒時看見父母持刀相向時的心情相同，都是心理上難以承受的情緒。面對這樣的情緒，他又再次故技重施，想要像挖布丁一樣將這個情緒挖去。

過了好一段時間，他才意識到和創傷受害者在一起的歲月，對自己造成了多大的痛苦。他覺得不應該再勉強自己接受這件事。我為他細數這段時間他的真誠與奉獻，為受害者帶來了多大的幫助；也非常清楚那幾年他全心投入的努力，發自內心告訴他：「您真的辛苦了。」之後，他雖然離開了創傷現場，卻也放下了自責，學會好好擁抱自己。

懂得自我保護，才有幫助別人的資格

想要分擔他人痛苦的人，必須要能同時給予自己無限的同理才行。這並非利己的行為，也不是沒有資格幫助他人的卑劣行為。懂得自我保護的人，才是有資格幫助別人的人。

即使不是創傷現場那樣程度的心理戰，在日常生活中同理身旁某人的痛苦時，我們也必須對自我保護高度敏銳，這才是所有同理的基礎。

A 和 B 明明是朋友，有時 A 願意給予 B 同理，而 B 卻不願意同樣給予。這種不對等的同理，也是諮商專家經常面臨的問題。其實無論是不是專家，所有人都經常面臨這種狀況。之所以出現「這種感受」，是因為有足以讓我們產生「這種感受」的個人原因。這時我們應該做的，是仔細思考什麼樣的原因導致自己有這樣的感受，而不是怪罪雙方不能互相同理。這種怪罪只是心理上枝微末節的反應。

有時對方看起來焦急難受，而我也心亂如麻，無力同理對方。這時，自我保護才是當務之急。在保護不了自己的狀態下，卻又不忍看見對方難受而伸出援手，這就像不會游泳的人看見落水者，急著跳進水裡救人一樣。兩個人都將面對悲慘的下場。

我們所有人都是受過創傷的人，必須先保護好自己才能幫助他人。沒有誰是例外。如果問我什麼是決定同理者的標準資格，我會理所當然地說那是「對自我保護的敏銳度」。

在一定期間內或某個特定的脈絡、情況下，我也許可以忍受對方，但是我並非永遠都得忍受或者可以永遠忍受，要知道「你有你的情緒，我也有我的」。唯有熟悉自己的感覺，才能成為同理者。同時同理對方和自己，並非誓不兩立的行為。能同時給予自己和對方的同理，才是真正的同理。

別為了犧牲和期待而越線

一位母親得知正值國三的兒子會抽菸，她決定放寬心看待這件事，「青春期男孩子都是這樣長大的。」她認為保持和孩子的溝通最重要，所以也對兒子這麼說，「爸爸說他在你這個年紀也那樣。這也是難免。但是在學校抽菸被抓到，問題會變得很複雜，所以我希望你在家抽就好。」

兒子也向母親道謝，並爽快答應一定做到。

問題出現在這之後。孩子說不容易買到香菸，問母親能否代替自己購買。母親雖然不太放心，但是既然大話說在前，為了顧及顏面，只好偶爾買菸給兒子。就在某天，她忽然擔心這樣下去，孩子會不會要求她連朋友的份一起買。她認為完全相信孩子、理解孩子，才是一位成熟的母親，所以一忍再忍，但是不免懷疑自己到底在做什麼。

同理不代表要接受所有要求

當我們說了解對方的一切並給予同理時，這裡的「一切」是指對方這個人本身和他的心情。所以同理一個人想毆打某人的情緒，是指理解他的憤怒、引發憤怒的情況和他身處那個狀況的心情，而不是接受、理解暴力行為本身。那是兩回事。憤怒的情緒可以被同理，但是當情緒轉化為暴力行為時，這個行為就不是同理的對象，當事人應該負起這個行為的所有責任。

同樣的，為想抽菸的兒子跑腿買香菸，這個行為並非同理，不責備孩子想抽菸的心才是同理。如果分不清兩者的差別而受兒子的要求左右，母親自身的界線將受到侵犯。如此一來，母親原本決心實踐的同理將會失去方向與合理性。

我將自己的意見告訴她：「如果媽媽決定充分尊重兒子做為一個獨立的個體，就必須嚴守母子之間的分際，但是您越過了這條界線。媽媽只要不責備孩子想抽菸的心，理解這樣的想法，那麼孩子在任何情況下都能感受到母親完全的信賴和理解。媽媽扮演的角色只能到這裡，這樣就已足夠。孩子買菸來抽，或是抽菸被抓到而遭到退學，那都是孩子必須承擔的責任。如果他自己承擔不了這個風險，不抽菸就沒事了。不管他願意承擔風險，還是決定放棄抽菸，那都是孩子要在自己的界限內決定的事。」

她問我：「如果孩子反問：『不是媽媽說抽菸沒關係的嗎？』、『我是未成年人，又不能買香菸，那叫我怎麼辦？』我真會啞口無言，這時候我該怎麼做？」

同理不是非好即壞。不是說母親同意也同理抽菸這件事，就必須連香菸也買給兒子；也不是說沒有買香菸給兒子，就代表同意抽菸的母親說話反覆。這兩件事互不相干。

「媽媽個人完全理解你想抽菸的心，但是學校或這個社會對未成年人吸菸的偏見和規範，媽媽既不能說什麼，也幫不上忙。而且媽媽不想連菸都幫你買好，那是你自己要看著辦的事。」

母親必須像這樣完全同理兒子的心，同時也明確劃定母子之間的界線才行。

意識到母親和自己之間的界線後，孩子反而會對自己要求母親買菸的行為感到抱歉。如果沒有那樣的界線，母親又誤以為幫孩子買好香菸才是真正同理兒子的話，某天孩子可能會因為母親買來的香菸比自己預期的少或其他原因，而逐漸對母親感到不耐煩。一旦界線崩潰，再多的犧牲也只會換來更多的批評和攻擊。

這個問題不只發生在親子之間，配偶、戀人、朋友之間也經常發生。「犧牲」這個美德，有時反倒輕易的、無聲的破壞人與人之間的界線。

區分什麼是我的，什麼不是我的

下面的案例又是如何呢？這名女子消極、內向的個性，一直是她的弱點。她認為自己會過得那麼辛苦，都要怪這樣的個性。據說她唯一的兒子和她截然不同，從小開朗活潑，很受朋友們的歡迎。不管到哪裡，她開口閉口幾乎都是在稱讚兒子。

某天，她帶著兒子與多名友人一起用餐，然而眾人當時接觸到的兒子，卻與她所描述的形象截然不同。與其說是活潑，不如說這孩子具有攻擊性、行為粗魯，對母親的態度也非常無禮，幾乎令旁人坐立不安。數個月後，她說孩子向學校申請退學，整天待在家裡，令她感到相當無助，不明白好好的孩子怎麼會變成這樣。和她聊了許久後，我才知道一個事實：過去她所描述的兒子，其實更接近她幻想中兒子的形象。

這名女子可以說好不容易捱過童年歲月，勉強長大成人。為了躲避有暴力傾向的父親，她十六歲離家出走，獨自養活自己，直到大學畢業。由於生活太過孤單，想要家人陪伴才選擇結婚的她，並未從夫妻生活中獲得安定感，而是在扶養兒子的過程中，才開始感到安定。兒子很聰明，在學校曾經當過班長，也有很多朋友。雖然經濟上確實較困難，她習慣責怪自己的消極導致生活更加拮据，但她仍從兒子身上感受到希望，也覺得無比的自豪。

然而奇怪的是，兒子上國中兩年以來，多次受到三名同學的集體霸凌，母親知道這件事後，竟沒有察覺問題的嚴重性，就讓這件事悄悄過去。回顧兒子被霸凌的那段時間，她在和朋友聚會時，依然抓到空檔就會炫耀兒子一番。在霸凌事件後，兒子性格變得尖銳、暴力，也不再與其他朋友往來。即使事態至此，母親心中的兒子依然是「社交能力強，具有領袖特質且受人歡迎的孩子」。

遭受校園暴力折磨的兒子，千辛萬苦地度過中學歲月，而母親卻依然自我感覺良好。她將兒子的攻擊性看作是領袖能力與成熟的象徵，輕易接受兒子暴衝的行為，還慶幸兒子個性不像自己那樣消極。她在心中按照自己希望的模樣重塑兒子的形象。而在重塑的過程中，只有母親不知道自己心目中的兒子，已經與現實中兒子的形象漸行漸遠。

她以為自己期待的兒子形象，就是兒子實際的模樣。然而那不過是按照自己的渴望，在心中為兒子的形象整形後的結果。她看著自己整形出的兒子形象，從中感到幸福滿足。雖然她在日常生活中極度吹捧、稱讚兒子，事實卻是除了兒子幼年時期外，母親從未關心兒子的存在本身。對兒子的吹捧和稱讚，只是和兒子存在本身毫不相干的無意義獨白。

她相信自己是真正關心兒子、唯一認同兒子且富有同理心的母親，並對此深信不疑。然而，事實上她卻是一位無情的母親，在兒子承受生不如死的痛苦時，不曾著想與關心過兒子。

要求作繭自縛的母親同理他人，無異於天方夜譚。於是當兒子申請退學，整天待在家裡時，她像是承受了完全無法理解、出乎意料之外的巨大衝擊，瞬間一蹶不振。

關係中出現的傷害，通常起源於對界線缺乏認知。「那孩子就像他爸爸」、「那孩子就是小時候的我」、「那孩子和我完全不一樣」這些話只有堅持以親子關係看待孩子，不能區分我和「不是我（你）」的人，才說得出口。這是看待孩子最偷懶的態度。用這種偷懶的視角看待他人，就像在大壩上鑽出一個小孔，這個小孔最終將摧毀整座大壩。

在甲乙關係中，「乙方」的我可以出頭嗎？

在職場生活或契約中的人際關係，也有可能維持界線嗎？做為「乙方」的我，可以告訴上司我的界線嗎？對個人界線較敏感的人，可以安全存活下來嗎？在甲方說了算的韓國社會，人與人之間公平的界線劃定，一開始就是空談或不切實際的理想吧？

從結論來說，這並非不切實際的理想。即使是在每天都能看到「甲方」作威作福的韓國社會，乙方也能劃定公正的界線。在甲方行徑[11]橫行的社會，反倒需要對界線有明確的概念。國界失去防守的國家永無寧日，而對界線沒有明確概念的人，終將難以生存。

「界線」的概念不是遙不可及的理想，而是具體、現實且實用的概念。縱然在社會關係中可能以甲方、乙方區分你我，然而在心理層面上，所有人都是「甲方對甲方」。你我雙

11. 指契約甲方或公司上級憑藉自身地位對下屬或底層施壓、施暴的行為。

方的整段關係不是由甲方與乙方的社會關係所決定，只要認知到這點，我們就能將甲、乙方關係轉變為甲方與甲方的關係。

面對獨斷專權的上司，只能躲避或效忠？

不少職場人抱怨自家公司有許多對下級頤指氣使的掌權者，有不聽下屬發言的上司，也有聽了依然不當一回事的上司，甚至還有下屬偶爾頂個嘴，立刻回敬一連串髒話的上司，各種類型應有盡有。忍受這些上司，如今已成為社會生活的基本要件了。

雖然這些上司被稱為「高高在上的權威者」，名聲聽起來響亮，但是這種獨斷專權、眼裡只有自我而沒有對方的人，正是摧毀他人「自我」的人。這些人具有致命的破壞力。

上班族A就是和這種上司共事。A在上司面前總是安靜聽話，不敢吭一聲，平時盡可能避免和上司碰面。然而時間一長，這種方式便出現一些問題。不僅自己無法再忍耐下去，業務的推動也開始遭遇困難。A決定換個方法。上司喜歡爬山，A週末就陪著一起上山；上司冬天喜歡滑雪，A就在空閒時陪著一起去溜冰場。雖然這些活動和自己的興趣完全無關，但是A心想只要盡快投其所好，積極迎合上司，彼此的關係就會稍微改變。

他達到期待的目的了嗎？很不幸的，結果不如預期。即使過著完全迎合上司的生活，也與先前躲避上司的日子無異。是因為上司真是無可救藥、忝不知恥的傢伙嗎？從關係作用的層面來看，這並非全部的原因。A的所作所為，也部分助長了這樣的結果。

儘管A嘗試了兩種截然不同的辦法，結果依然相同。更正確來說，這兩種互為矛盾的應對辦法，其實並非兩種方法，而是同一種方法。它們同樣可以用「沒有我，只有你（上司）」的關係來概括，所以結果當然是一樣的。

如果說之前A在上司面前一聲不吭，盡量避免和上司碰面，用這種方式來抹除自我存在，那麼之後A便是把自己當做滿足上司需求的工具，同樣逐漸抹去自我存在。從過去到現在，A在上司面前永遠是缺乏存在感的角色。過去的A是為了避免觸怒上司而存在，現在的A則是為了積極滿足上司需求而存在。

A不過是在上司身邊的一個隨時做出反應的工具，並沒有做為獨立個體而存在。上司之所以認為不必將A視為獨立的個體，其實也是因為A自願成為這樣的心理共犯。

自我保護的力量，是生存的必需品

破壞個人的界線，甘願淪為他人工具的人，他們心中的希望和期待必將不斷遭遇挫折。「我已經努力做到這樣，對方至少懂得感謝吧？會看見我的付出吧？」抱持這種期待的Ａ，理所當然面臨了期待落空的結局。從未抗拒被當成透明人的人，自然也會消失在對方的認知中。如果躲避或效忠都不是解決之道，那麼我們究竟該如何是好？

答案是採取和Ａ相反的方式，盡可能表現自己的存在感，讓對方意識到「我」。雙方必須發展成「有你（上司）也有我」的關係，才能找出解決的頭緒。這個方法看起來有勇無謀，或者看起來很危險嗎？或許是的，不過這才是最根本、唯一的方法。唯有讓我的存在感出現在上司的認知中，原本上司在雙方關係中專權獨斷的態度，才會受到牽制。當他意識到我的存在時，他的專權獨斷將變得猶豫不決。原本不對等的片面關係，將逐漸轉變為對稱、互相的關係。

如果我已經用對方可以感知的方式凸顯我的存在感，對方還是沒有反應，那該怎麼辦才好？如果不完全配合對方，對方立刻翻臉，不願意維持任何關係，又該如何是好？

要是發現自己遇到了這種人，這段關係應該由我們主動結束。因為這段關係再維持下去，下場只是毀了自己。終結這段關係是為了拯救自己、守護自己。

也許有人會問：「在社會生存，終究避不了各種人際交往，如果每次意見不合就終結關係，要怎麼生存下去？」不是的。反倒是為了生存下去，我們才必須終結這段關係。生存下去的力量，源自於自我保護的力量。那些甘於自我虐待與自我汙衊的人，殘害的永遠是自己。這些人認為侵犯我國國界的敵國武力強大，只好迎合他們的胃口苟活下去。雖然這樣可以暫時保住小命，然而下場就像淪為殖民地的國家，只能過著悲慘的生活。

「就算那樣，好歹是每天見面相處的關係，難道沒有和上司和平相處的方法嗎？」如果有人這麼問我，我願意再回答一次。這個問題一開始就問錯了。把上司看做常數，把自己當做變數，在這種不平等的認知框架下，我們永遠找不到存活下去的方法。問題本身應該換成以自己為主，而不是以上司為主。因為這是我自己的人生。

「如果想在這種情況下保護好自己，我該怎麼做才好？」

「該怎麼做才能保護我自己？」

對上司瞭若指掌，也不一定是為了逢迎上司，那最終是為了保護自己的行為。不僅是上司，在任何一段關係中，維繫關係本身不會是這段關係的目的，也不應該如此。在親子關係中也一樣（與病榻上父母的關係、與肢體障礙子女的關係等，則不在此範圍內）。

維繫關係的前提，必須是在這段關係中有喜悅、有歡笑，或者有學習、成熟、反省的機會。這是關係的本質。在長期自我虐待或自我嫌棄的關係中，不可能有學習與成熟的機會。如果在一段關係中，你只能不斷自我虐待或自我嫌棄，就必須終結這段關係。仔細觀察身邊，必須終結關係才能保護自己的例子其實並不少。從終結關係的那一刻起，至少能創造一個讓對方反省自己的機會。沒有把握這個機會而付出代價，那也是對方必須承擔的責任。沒有任何人能代替他承擔。

・就像國家之間的國界一樣，人與人之間也存在著界線。但是人與人之間的界線無法用肉眼看見，更難以堅守界線。我們必須認知到界線的存在，才能保護自己，也避免侵犯到對方。

・「界線」的概念不是遙不可及的理想，而是具體、現實且實用的概念。縱然在社會關係中可能以甲方、乙方區分你我，然而在心理層面上，所有人都是「甲方對甲方」。你我雙方的整段關係，不是由甲方與乙方的社會關係所決定。

第五章

障礙

阻礙真正治療的障礙物

同理的障礙 1

「多情」和「戰士」的展現時機

電影或電視劇中的精神科醫師，大多充滿知性且擁有一雙銳利的眼睛。這大概是將大眾對精神科醫師看診能力的期待具體化後的形象。如果說精神治療是看穿人心，精準分析人心後，給予合適建議的行為，而從事這種治療行為的人是精神科醫師的話，那的確是符合大眾期待的角色。然而站在專業立場來看，治療重點必須是為當事人解開心結，溫柔善待當事人，若是如此，那麼電影中精神科醫師的形象就必須有所修正。

究竟具備何種特性的人，才能讓人們內心的傷口痊癒得更快，並且不留下任何疤痕？是情感豐沛、心思細膩的人？還是能精準分析問題的人？兩者都不是。我們真正需要的，其實是「多情的戰士」。這種人可以說是最合適的同理者。他們是在對方需要同理的瞬間，能夠全心付出的多情同理者；而在面對阻礙同理的人或情況時，也能像戰士一樣挺身作戰。

唯有如此，才能成功達到同理。因此，他們才是最穩定、最真實的同理者。

通往同理的路上有許多障礙，有時是家人或外人的不諒解、漠視、責難，有時是高牆般難以撼動的社會結構問題，也有不少時候受傷的當事人本身就是阻礙。無論阻礙同理的障礙是什麼，遭遇這些障礙時，必須毫不猶豫地挺身對抗。唯有跨越這些障礙，我們才能縱情享受同理，贏得自由。所以我說，同理者必須是「多情的戰士」。

為自己的心貼上壞標籤

一名痛失女兒的母親，某日在市場買菜時，忽然感到一陣暈眩，她兩個月前也曾經暈倒。孩子離開人世後，她回到睽違兩年的職場，想轉移注意力，稍微忘卻痛苦，然而，上班第一天還未到中午，她就出現呼吸不順、胸口悶痛的症狀，被緊急送往急診室。從急診室出來後，她來到我這裡。她說自己快要發瘋，身心都像是被丟到垃圾桶裡。

她痛哭失聲地說：「我根本就是瘋女人。瘋女人！」

我告訴她：「女兒雅琳走了，如果媽媽不瘋，那誰才會瘋呢？女兒沒了，還能每天過著正常的生活，那還算得上一位母親嗎？瘋了又怎樣，因為是媽媽才會瘋掉的吧！」

雅琳媽媽陷入悲傷而無力振作，不斷痛罵自己「瘋女人，根本是垃圾」。我嚴詞反駁她。「雅琳媽媽，如果您朋友痛失愛子，身心備受煎熬，您會說她是垃圾嗎？您會對她指指點點，說她瘋了嗎？對別人都不會說的話，為什麼要隨便拿來罵自己？您要對自己道歉才可以！」我稍微拉高了嗓門。

在這一刻，我難道是不了解她做為受害者的心情，只是一味指責她的無情之人嗎？不是的。她正試圖將「瘋女人」這樣的壞標籤，貼在「理所當然會發狂的心」上，而我所做的，是要迎戰她這種自我否定的態度，並持續同理她的痛苦，也要清除那些影響同理的障礙。我要向她傳遞這樣的訊息：「誰是瘋女人？過得心安理得才是瘋了吧。您變成那樣的狀態是理所當然的，為什麼還把自己罵得這麼難聽？因為痛到快死了，所以才喘不過氣的啊。就算想放聲大哭也可以呀。為什麼要說那樣不好呢？」她不能同理自己的傷痛，卻站在審判者的立場隨意批判自己，我所對抗的正是她自身的同理障礙。

同理不是一邊聽著對方的故事，一邊有氣無力地點頭認同。而那些帶著滿身傷痕急切渴望他人同理的人，自己也可能在無意間淪為同理的障礙。自己變成了反對自己的勢力後，又再度讓自己陷入痛苦的深淵。這時同理者必須態度堅定，挺身激烈對抗。

什麼時候多情，什麼時候又該變身戰士？

我們來看一個生活中的案例，這是我家許久前發生的事。我有一個很晚才開口說話的兒子，學習速度也比較慢。因為缺乏社會性，不知道怎麼交朋友。他的一舉一動都非常緩慢，就連吃飯的時候，也幾乎是用筷子數飯粒那樣進食，用餐時間當然越拉越長。在家那樣吃還不打緊，問題是外出用餐的時候。

如果去的不是高級餐廳，而是人潮眾多的炸醬麵店或自助餐店，就得繃緊神經。只要全家人去到那些地方，我們夫妻總會瞞著孩子向老闆道歉，告訴老闆我們家孩子吃飯真的很慢，可能會超過一小時，如果影響了翻桌率，那些費用我們一定負責，所以希望老闆不要催促孩子，也不要用眼神示意。一切安排妥當後，全家人便可談天說地，愜意地等到孩子全部吃完為止。

這是因為我們知道即使看餐廳老闆的臉色，催促孩子盡快吃完，孩子也不會照辦。就算孩子能稍微吃快一點，我也不認為有必要讓懵懂無知的孩子吃得那麼緊張。孩子只是發育較為緩慢，他理當獲得理解、尊重。但是在理解孩子的同時，餐廳老闆可能遭受意外的金錢損失，我們無權要求他承擔，所以我們夫妻倆才會選擇那樣的方法。

後來我朋友聽聞此事，笑著說如果是自己，肯定會催促孩子盡快吃完，「你不快點吃完，會影響到別人。」在這個情況下，我們夫妻將孩子的立場當做常數，而將餐廳老闆當做變數；朋友則是將餐廳老闆的立場當做常數，將孩子當做變數。我們夫妻對孩子展現「多情」，而以「戰士」的身分面對餐廳老闆（當然不是真的對抗，而是嘗試透過餐廳老闆解決問題）。反之，朋友優先考慮餐廳老闆的立場，對餐廳老闆展現「多情」，卻要求孩子解決問題。

為了讓雙方都獲得理解和尊重，也避免雙方遭受不公平對待或不當要求，造成心理的傷害，我們必須好好思考展現「多情」與化身「戰士」的分寸。若非如此，就可能演變成明明沒有加害者，卻造成所有人受害的情況。在應當展現多情的時刻化身戰士，在應該挺身奮戰的時刻展現多情，這種偏差導致的下場，想必是所有人都不樂見的。

同理的障礙 2

正面情緒 Vs. 負面情緒

能充分得到同理，又能全然付出同理的人，其實少之又少。我們經常可以看見富有同理的人，但是這些人是否也同時做為獨立個體，得到他人充分的同理？我想，只有極少數的人能信心滿滿地給予肯定的回答。

所有人都期待得到他人的同理，也希望自己富有同理，但是卻不容易辦到。原因固然與缺乏對同理的認識有關，不過最大的原因仍在於，前往同理的路上會遭遇諸多障礙。唯有跨越這些障礙，最終才能抵達同理。要想活出期待的同理生活（亦即得到同理並給予同理），必須了解各種障礙的真面目。其中最具代表性的障礙，當屬對情緒的誤解。

不少人認為說出內心感受是幼稚的行為，將表露情緒視為不成熟的舉動，必須加以克制。他們認為壓抑情緒才是大人，也才能成為成熟的人。他們相信情緒可以藉由理智無限制的壓抑。這是大眾對於人心最普遍的錯誤認知，也是最危險的認知。這樣的認知，導致我們在日常生活中付出許多代價。究竟我們為此付出了何種代價，又付出了多少代價？

一位投身社會運動二十餘年的晚輩，在與我一番長談後，坦言過去那段歲月允許自己可以擁有的情緒，似乎只有熱情和憤怒。對於把守護社會正義、群體價值看得比個人生命重要的她而言，熱情與憤怒才是唯二需要的情緒。這位晚輩認為不安、後悔等，不過是侵蝕自我的情緒，與毫無用處的公害無異。這種價值觀奠定了她成為高度自制、能力出眾的市民運動者的基礎。這兩種情緒之外的其他情緒，好比不願再生產的女性仍得繼續面對的月經，令她感到無比厭煩。

沒有這些情緒也不會有任何影響，甚至可能過得更輕鬆……。一直以來堅持這種信念的晚輩，在生產後變得茫然失措。她厭倦了和照顧兩個孩子的婆婆繼續幼稚的爭吵，進而也對孩子感到不耐煩。儘管她試著放寬心胸接受這種生活，卻無濟於事。越是這樣，她越覺得自己偽善。厭煩與自我嫌惡等情緒反覆出現，無形中也導致孩子們無所適從而生病，自己的罪惡感也越加深重。

常保正面情緒，究竟是好是壞？

這些與眾人眼中個性豪放、性情坦率的晚輩相牴觸，猶如異物般的情緒，其本質究竟為何？當事人斷定這些情緒的出現，證明了自己正一步步走向毀滅。她認為自己一開始就不適合婚姻這個制度，卻依然選擇了結婚，才會造成這個局面，讓自己陷入混亂。

在對話尾聲，她開始察覺到一個事實：隨著自己原本不熟悉、不自在的情緒，也就是在熱情與憤怒之外的情緒大量出現，自己也逐漸陷入混亂之中。比起在與婆婆、丈夫、孩子相處間發生的矛盾與衝突，伴隨這些矛盾與衝突出現的「惡劣」情緒更令她束手無策。她不知道如何消化這些情緒。

其實有不少人正遭受類似煩惱的折磨，而它所帶來的能量消耗超乎想像。因為一無所知，所以甚至不知道我們得為這些煩惱付出多少代價。這種狀態無異於擁有一輛會不斷漏油的汽車，長期下來，我們怎麼負擔的起？

這樣的結果，源於人們過度將自己的社會角色與真實的自己畫上等號。在人的一生中，社會角色和職業角色會隨情況與條件改變。正如依照季節和場合換穿的衣服，那不是我們身體本身，而是可以隨時穿上脫下的衣服。所以無論是滿腔熱血的市民運動者，還是以家長或長男、長女的身分辛苦活下去的人，那些符合我們角色的情緒不過是衣服，並非我們的本體。我們必須依照情況和條件時刻改變，也必須有能力隨時改變才行。

儘管事實如此，我們依然隱隱認為正面情緒和負面情緒兩相牴觸。正面情緒予以保留，負面情緒則應盡力擺脫或壓抑。後悔、厭煩、無力、不安、恐懼等是必須消除的負面情緒，心情愉快喜悅、事事正向思考且不易受挫的態度是理當加以強化、突顯的正面情緒。一般認為能隨時將負面情緒轉換為正面情緒，才是有高智慧的人。

常保正面情緒，究竟是好是壞？正面情緒當然有好的一面，但是並非永遠如此。有時可能是危險的。正面情緒有時是自我合理化與自我欺騙所營造出的假象，它可能是缺乏自我反省的警訊。

深刻反省自我，並且向自我探問本源性的問題時，我們將開始感到不安與動搖。在深入且全面探查自身情況的過程中，不安將無可避免。然而深刻的自我反省將為我們開闢多元的道路與願景。望向錯綜複雜的道路，一步步認同與整合分歧，必然是在不安的前提下進行的過程。

經過這樣的過程，心理基礎將更加堅固。此時的不安，是健康的不安，是健康的混亂，也是邁向全面整合的必需過程。一旦逃避健康的不安，這一切過程將被忽略而消失。正面情緒並非永遠是好的，而負面情緒也不完全是壞的，因狀況而異。因為沒有固定的標準，必須依照個別情況加以反省，才能深入了解。

檢視自我的信號——情緒

情緒並非可以用好壞、對錯二分法來判斷的對象，它反倒是最能真實呈現我們當下情感狀態的量尺。我們無法以固定的名稱和特質為每一道掠過臉龐的風定義，同樣地，持續變動的情緒才是即時反映我們內在狀態的信號。

所有情緒的出現都有其原因，所以所有的情緒都是對的。感到不安時，不必告訴自己「我不可以這樣」，而是要仔細審視自己和當下的情況，「我現在感到不安，為什麼會這樣？」

因腹痛前往急診室，醫生在找出腹痛的原因前，一般不會開出止痛劑。因為腹痛原因不同，治療方法也完全不同。是盲腸炎造成的？還是胃穿孔造成的？又或者是完全不同的原因？要找出腹痛的原因，必須仔細觀察病患的病徵與變化。所以醫師即使看見肚子痛得在地上打滾的病患，也不會立刻給藥或打針來緩解疼痛。醫師的首要任務是專注於疼痛的病徵，迅速做出診斷。

感到不安時，如果立刻以鎮定劑消除不安，對發出不安信號的根源視而不見，那麼未來就只能繼續仰賴藥物。我們必須循著不安的信號，仔細檢視「自我」。跟隨不安的情緒上溯，便能看見問題的根源，進而找出從根本著手的解決方法。

無論是正面情緒，還是負面情緒，所有情緒都是對的。所有情緒的本身都應該得到尊重。單憑外在的表現而將情緒區分為正面或負面，這樣的態度只會阻礙我們走進每個個體的內在核心，阻礙我們深刻同理他人。

在我分享關於適用心理學的幾個案例時，一位母親問我。

「靜下心來想想我和兒子的關係，發現原來我還是一直想教導兒子，試圖改變他。可能是因為這樣的自覺，最近我好像變得比較退縮，總是提不起勁。我該怎麼做才能重新恢復旺盛的活力呢？」

我笑著回答她，「恢復旺盛的活力要做什麼呢？繼續教訓孩子嗎？（笑）看來得讓您知道自己是如何對孩子付出太多不必要的力氣，您才會打消這樣的念頭。請您繼續退縮下去吧，別想著要怎麼找回活力。」

情緒不是判斷、評價或壓抑的對象，而是真實呈現自我狀態的自然信號。無論是正面情緒，還是負面情緒，每個情緒都是對的。

不否定悲傷的情緒

韓國紀錄片《朋友們：隱藏的悲傷》記錄了在世越號事件發生後，犧牲學生的兒時玩伴、中學友人生活在悲傷之中的故事，其中有一幕是：失去好友的孩子，哭著對安慰自己、陪著自己一起哭泣的同齡朋友說：「幸好你們沒有批評我的悲傷。」

一位專業諮商師看完這部紀錄片後，回想起過去朋友對自己說過，「你這麼愛哭讓我很不舒服，我不喜歡。」邊說紀錄片中的那句話對自己也是最好的安慰，跟著片中人物哭得唏哩嘩啦。

「幸好你們沒有批評我的悲傷。」

儘管是一句奇怪且令人難過的話，不過仔細思考，在我們的日常生活中也經常發生類似的情況。

想想那些失去朋友的孩子經常聽到的話：「到此為止吧。」、「現在應該好一點了吧。」、「又不是家人，何必那麼誇張？」這些話聽在他們耳裡，就像是在否定他們的悲傷。在這種氣氛下長大成人的我們，都活在否定悲傷的集體潛意識中。而在這種心理氣氛下，個人的情緒需求與情緒匱乏若想得到滿足，進而爭取游刃有餘的生命動力，就必須挺身反擊。

一位諮商師說自己聽到悲傷難過的故事時，總會不知不覺落淚，然而強忍淚水的結果，便是錯失對方敘述的脈絡。換言之，他將悲傷視為無能的內在自我，強迫自己收起淚水，卻因此錯過對方極為重要的生命故事。

我告訴他，我聽到悲傷難過的案例時，也經常熱淚盈眶，甚至不自覺落淚，就算這樣也無妨。既不是大哭到令對方手足無措，也不是忽然爆發的痛哭；我的眼淚既沒有讓對方感到不舒服，也沒有讓對方因此停止分享自己的故事，更沒有讓對方感到抱歉或影響他的故事。對方反倒把我的眼淚看作是同理他的痛苦的信號，因而更加敞開心胸，說出更深刻的故事。我的眼淚就像一個指標，代表我也加入了他那痛苦的心理戰。

只要不否定悲傷的情緒，就能讓傾訴悲傷與傾聽悲傷的時間，昇華為雙方獲得治癒的經驗。就我個人情況而言，傾聽對方痛苦的故事，與對方一起流淚，總能讓我有種被淨化的感覺。這是因為我親身體驗了與對方合而為一的經驗。聽著原本和我頻率不同的人傾訴，聽著聽著，彼此的頻率逐漸趨向一致，雜音開始消失，對方的聲音清清楚楚地傳入我耳裡。不必要的精力消耗就此消失，我感受到一切變得清明澄淨的和平。

那時開始，對話變得無比輕鬆。就像和對方站上同一塊衝浪板，迎著相同的波浪起伏搖盪，感受彼此的呼吸。即使全身放鬆，我也絕對安全，坐在我面前傾訴的對方也同樣安全，彷彿濃霧散開，遠方的地平線清晰起來。我永遠相信，同理是撼動人心最快速、最智慧的力量。

同理的障礙 3

對未被滿足的愛的渴求

用更簡潔的話來說，關愛渴望與認同渴望都是「對關愛的渴望」。關愛渴望始於幼兒期，延續至死亡前最後一刻，是人類共同的渴望，無一例外；認同渴望是幼兒期之後，自關愛渴望發展出的另一種變形。一個人對渴望的表達方式可能臻於純熟，滿足自身渴望的對象也或許會改變，但是總量並不會減少，也不可能減少。

關愛渴望必須終生持續、穩定的給予滿足，才不致於萎靡。汽車性能再怎麼好，如果沒有汽油或電力等動力，連一公尺也前進不了。身體仰賴氧氣和食物等能源活動，同樣地，人心也需要滿足關愛渴望才能運作。缺乏關愛與認同，便無法活出完整的人生。年紀再怎麼大，再怎麼滿腹經綸與知識，再怎麼深刻自我反省，如果得不到關愛，他們的內心也會產生扭曲。此時他們所擁有的知識、學問或反省，也將化為無用之物，無法發揮原本的效果。

這必然是不變的法則。

隨著年齡增長，我們渴望關愛的對象從父母轉向學校老師，從朋友或異性朋友轉向配偶或上司。年紀再大一點，則希望得到子女或晚輩的關愛。儘管渴望關愛的對象隨著年齡和情況不斷改變，不過渴望本身始終如一。當缺乏關愛的條件或情況頻繁發生時，渴望將會更加迫切、更加強烈。

或許會有人說，不也有些長輩隨著年齡的增長，更不容易受關愛渴望的影響，活得更有尊嚴嗎？就算有人表面看起來那樣，原因也並非他懂得克制自己的欲望，或者欲望有所降低，而是因為那些人本就得到充分的關愛，獲得他人完全的認同。所以他們看起來像是擺脫了渴望，顯得豁然大度。餓了十天的人，在食物面前不可能維持尊嚴，必須平時就滿足了食欲，才能在食物面前展現格調。得到滿足的渴望將不再是渴望，所以充分獲得關愛的人能不受關愛渴望的影響，維持一個人的尊嚴。

最困難的人生課題——建立關愛與同理的關係

一個人的外在或許可以由努力與才能、財力加以塑造，不過要想一生得到他人穩定的關愛，自然少不了高超的人際關係能力。能純粹以一個獨立的個體得到情人、配偶或子女的無限關愛，是與財力或權力毫不相干的重要能力。我們與其他不同的個體維持同理的關係，自然是為了確保生命的動力。然而這個世界上最困難的課題之一，便是如何守護「關愛」這個讓我們繼續活下去的穩定動力，並且避免讓關愛的供給出現任何差錯。這個看似單純的課題，竟出乎意料地困難。在面對這個人生課題時，不少人在此摔了一跤而無法振作。專家其實也不例外。

在一場針對專業諮商師舉辦的工作坊上，一位工作剛滿二十年的專業諮商師忽然向眾人坦承，「一直以來聽人們傾訴自己的故事，我覺得都是無病呻吟。其實我自己也知道，我是非常討厭別人的人。」

她充分了解自己這番話可能喪失了做為專業諮商師的資格，仍勇敢說出如此令人難過的心聲。對於諮商時理所當然且單純的命題，例如「人心永遠是對的」、「全然接納與同理個體本身，就是治療的根源」，她說自己不但難以接受，甚至對此感到恐懼。

那天凌晨，我收到了她寄來的長信。

我以前活下去的目標，就是長大後要去早市幫忙我那做生意的寡母。我想快點長大賺錢，心裡想的都是「要讓媽媽過上好日子」。但是在我成人之前，母親卻已經離我而去，這個打擊令我痛徹心扉。我不曾享受過父親和母親的愛，這一輩子沒有使過性子，也從沒有撒過嬌。

我總是擔心母親過於操勞，所以要自己當個聽話的孩子。從很小的時候就知道自己穿好衣服，也都在做完家事後才寫功課和學習，我似乎就這麼看著別人的臉色長大。我以為那是支撐我活到現在的力量。但是現在看來，似乎就連和我不同的人和我的孩子們，我也強迫他們不要抱怨，要他們自己看著辦，認為那樣的生活態度才是獨立自主的成人。因為我就是如此堅信，從不曾有一絲動搖。

我好像從沒有好好說出自己的心情，只是看著周遭旁人的臉色，努力迎合他們的期待。所以我看到那些怨天尤人、滿腹牢騷的人，或是一有問題就先生氣的人，實在無法理解。我其實不喜歡動不動就說出自己心聲或表露個人情緒的人，對那些人第一眼的感覺就是「煩躁」、「心寒」。可笑的是，我一直相信自己才是成熟獨立的，相信自己懂事的比較早，很能打理自己的生活，以為自己很努力才活到現在。然而後來發現並不是這樣。

隔天在工作坊中，我徵得當事人的同意，以匿名方式讀出這封信，想不到類似的回應接連出現。

「進行諮商的時候，對於那些明知道自己為什麼那樣，卻又不改掉有問題的行為，一直怨天尤人的人，我真的很難同理。」

「看到滿腹牢騷的人，真想立刻變臉，叫他們不要再抱怨，想想自己該做什麼。」

「我覺得最矛盾的是，人們明知道自己的問題得由自己解決，卻又認為這樣的自己應該要去聽聽別人的意見才對。」

即使是以同理為職業的專家，在傾聽、同理某人的內心或情緒上的缺憾，也可能感到棘手。多數時候，專家只能當做情緒勞動隱忍下來。這與一般人的想像頗有出入。同理雖然單純，卻也可能是世界上最困難的事。

關係越緊密，越難以同理的原因

不只是專家如此。越是深愛的人，無法給予同理的機率越高。關係越緊密，誤會越深，失望越大，越容易對彼此造成傷害。這是因為他們對彼此的情緒需求與渴望越強烈。

我們可以對住在隔壁的鄰居親切、體貼，卻不容易用同樣的態度對待自己的伴侶，甚至更難做到。原因在於我們對他人沒有特別的期待或私欲。當對方是自己的配偶或家人時，情況就不同了。在這個情況下，我們期待對方滿足自己的私欲和渴望，然而渴望越大，受到的挫折和遺憾就越大。這正是我們無法寬容對待配偶或家人的原因。

一般朋友要求請客時，我們可能願意買單，但是如果有朋友欠錢遲遲不還，卻仍要求我們請客時，我們就算有錢也不會掏出來。對我們有所虧欠的人，卻想從我們身上帶走更多東西，試圖操控我們時，只會令我們更加心寒、更加憤怒。「我要的你不能給，卻繼續要求我付出！」這是人們面對與自己關係親密的家人或另一半時，經常會有的情緒。其實不是只有我們面對家人或另一半會有這種情緒，家人或另一半看待我們也是同樣的心情。

認為對方虧欠自己的兩個人，自然無法全心接納彼此、同理對方。為什麼曾經在這個世界上最相愛的家人或另一半，會變成最痛恨彼此、傷害彼此的人，原因就在於此。

儘管如此，我們仍然不能放棄，因為只要這些需求和渴望沒有得到滿足，我們的人生就永遠無法步上正軌。想要充實自我生命的動力，必須永遠對彼此的關愛渴望保持耐心，不妄加批判，時時面對面真心滿足對方的渴望，也接受對方給予滿足。這件事不能耽誤，也不能逃避。沒有哪一輛車不需要汽油或電力就能移動，人類也是如此。

同理的障礙 4

深理在心底的自卑

有個因為不會游泳而感到自卑的男子。當他參加大學社團宿營時，一名女同學落水，除了他以外的學長、學弟全都跳入水裡救人。雖然沒有人責怪他什麼，他卻更加自責、自卑，對水的恐懼也愈來愈強，最後也沒能學好游泳。

他有兩個兒子，彼此相差一歲。他奉行讓孩子自在玩耍、自由成長的教育方法，也沒有送孩子上補習班或請家教，唯獨堅持游泳一定要學，這樣隨時隨地都能挺起胸膛做人。孩子不寫學校作業、考試搞砸，這些他都能寬容以對，但是聽到孩子翹掉游泳課，必定大發雷霆。

想要挺起胸膛做人，該學好的東西可不只有游泳。儘管如此，他仍不願理性思考這件事。其實他不該強迫孩子上游泳課，真正需要學游泳的人就是他自己。這好比餓了許久的人，強迫身旁已經吃飽的人吃自己原本要吃的飯。

在我們心裡，也有許多類似「游泳」事件的情形。這裡所說的「游泳」，猶如一顆曾經讓我們摔跤的石頭，代表我們的自卑感。所以再怎麼隨和、心胸寬大的人，也可能因為某件事而暴怒，甚至在某個點上一意孤行，固執到旁人難以理解的程度。每到這個點上，當事人對他人的同理將瞬間消失。此時的他情緒激動，彷彿變成另一個人，表現出來的只有強烈的抗拒，更遑論同理了。

我們不可能跳過對自身的反省而直接同理他人的內心。如果說同理他人是腳踏車的右踏板，那麼反省自我就是一起轉動的左踏板。只要一方停止轉動，腳踏車將立刻煞住而翻倒。停止反省自我的那一刻起，對他人的同理也會停止。反之亦然。缺乏對自己的反省，將成為阻礙同理的障礙。

媽媽的第一封道歉信

兒子小學以前是個開朗好動的孩子，青春期過後開始變得沉默，和朋友們也處得不好，一個人待在家的時間越來越長。升上高中後，他決定學好料理，目標考取中餐、韓餐廚師證照，顯得鬥志滿滿。我和丈夫尊重並鼓勵兒子的選擇。孩子有時把整間廚房搞得都是麵粉，辛苦做出餃子和糖醋肉給家人吃。味道的確不錯，我和丈夫非常滿意，連連稱讚他，一家人非常開心。不過孩子有個怎麼也不肯放下的東西，那就是電腦遊戲。堂弟來玩的時候，兒子經常為了電腦和年幼的堂弟吵架，一點也不知道丟臉。

在兒子高二的某一天，我看見他和弟弟為了電腦吵得不可開交，氣得失去理智，打了兒子一巴掌，衝著他大吼：「你都不覺得丟臉嗎？」兒子跑回房間，鎖上房門，似乎在哭的樣子。我雖然後悔打了已經是小大人的孩子一巴掌，但是並不想道歉。我只希望他平復情緒，趕快認真學習。

隔天兒子塞給我一封信後，去了學校。那是一封用紅筆寫的信。在淚跡斑斑的信紙上，兒子寫下自己想學習電玩更勝於料理的決心，也說有信心對自己的決定絕不後悔。孩子真正想發展的方向是電玩，卻對父母開不了口。

我以為兒子只是想玩遊戲，所以才整天巴著電腦不放，從沒想過那可能跟孩子的學習或將來有關，只是一味逼著孩子放下電玩。那封不用藍筆，而是用紅筆寫的信，深深刺痛我的心。我和丈夫商量過後，決定讓孩子做自己想做的事。幾天後，我們告訴孩子：「好吧！做你想做的事，只不過以後別後悔，也別說你過不好！」就當是表面同意了。

其實心裡根本沒有同意。孩子後來選擇了自己期待的電腦相關科系，目前正就讀大學。

在學習如何聚焦存在本身並給予同理的過程中，孩子那封紅通通的信紙如鯁在喉般烙印在我心上。當時我沒有真心對打孩子巴掌一事表示歉意，也沒有真正給予孩子的決定尊重，而是自暴自棄式的接受，甚至對孩子撂下「以後別後悔，也別說你過不好」的狠話，這些如今似乎都成為一堵巨大的高牆，阻斷了孩子和我之間的同理。

這是參加某場同理工作坊的朋友寄給我的故事。徵求當事人的同意後，我在工作坊中以匿名方式將這封信分享給其他參加者，並圍繞這個主題展開討論。

我先發表自己的看法，說故事中的女主角當時就算沒有道歉，經過十年、二十年後才道歉，依然有其意義，現在道歉也不晚。這不是陳腔濫調的安慰，而是明明白白的事實。

當母親告訴孩子，她心中一直惦記著那件事，卻沒能好好道歉，長期活在愧疚之中，如今才向他坦白，這種說法將可得到孩子正面的迴響。如果孩子被母親傷得太深，並因此造成母子關係的決裂，然而母親卻只是依稀記得這件事，依然過得心安理得，那只會對孩子造成更大的傷害。得知母親因為打了自己而長期難過自責時，某種程度能帶給孩子一定的安慰；而當母親意識到孩子的創傷，並對此有所檢討時，也能讓孩子感到安心。即使是遲來的道歉，道歉本身就足以降低孩子一半以上的傷害，日後母子關係也必將出現質的變化。

對於她不得不同意孩子的決定，卻又把醜話說在前頭的態度，我也表達了自己的看法。「以後就不要抱怨或後悔，也別說你過不好！」這種帶有強迫性的警告，無異於阻斷孩子的退路。有哪一條法律規定未來的出路只能轉換幾次嗎？沒有。職業隨時可以換，就算換個十次、二十次也不是不行。

善變並不是一般所認為的懶惰或者缺乏耐心的表現，它可能代表某人正不斷煩惱與尋找自我的狀態。在這個煩惱中，也經常伴隨著「為什麼我沒辦法堅持同一件事」的困惑。人類總是如此，總是比任何人都要嚴厲批判自己。所以像「以後別後悔，也別說你過不好」的強迫話語，等於阻斷了孩子的退路，將孩子關入鐵牢之中。

過去社會嫁女兒時，總是殘忍地對女兒說：「你死了就當那家人的鬼。」將女兒的退路斷得一乾二淨。即使遭到丈夫毒打，在婆家遭到非人的對待，女兒也因為父母一句「別動不動跑回娘家」，只能繼續過著禽獸不如的生活，她們的遭遇每每令人鼻酸。父母們封鎖了女兒生命的退路，卻不知道自己犯下大錯。

在沒有退路的閉鎖人生中，要如何過得自由又有尊嚴？今日社會不再是打著父母的名號脅迫子女，還以為那才是身為父母的道理或角色的暴力時代。那樣的時代已經結束了，也非結束不可。

我告訴這位母親，如果現在女兒要結婚，我一定會告訴她：「如果你覺得不開心，隨時歡迎回來。你從小在關愛和呵護下成長，如今長成一個聰明的女孩。你如果覺得不開心，那個感覺一定是對的。隨時都可以回來，爸爸媽媽永遠在你身後。」相信沒有人會受父母這番話的影響，而輕易結束婚姻關係。相反的，當女兒知道自己身後有無條件相信、支持自己的父母，日後她在面對各種困境時，必定能理性思考每一種情況的結果，做出合理的分析與判斷。

人們在感到安全的前提下，才能客觀且合理地看待自己身處的狀況，因此，不必有條件給予同理。人類是可以相信的，而那也是我們唯一能給予所愛之人的依靠。當我們傾盡一切相信孩子，孩子在面對任何事情時，反倒能認真思考自己的決定是否過於草率。因為有了安定感後，孩子才能更全面且健全的自我反省。

一名中年婦女長期與娘家母親不和。她十歲時，因為太想彈琴而纏著母親買鋼琴。母親好不容易買了一架鋼琴，她興奮地彈了三四個月，後來逐漸失去興趣，最後把鋼琴丟在一旁。

從那之後，母親便經常嫌棄地說：「就算是你主動說要做的事，最後也不了了之。」每當她說要學習什麼或做選擇時，母親必定搬出那番令人厭惡的預言：「就算是你想做的事情，也堅持不了多久的。」不知從何時開始，年輕的她決定再也不向母親提出任何要求或拜託。因為母親那句「你想做的事情遲早都會放棄的」，已經如一句魔咒在她心中揮之不去。

就算是自己的選擇，也可以反悔或改變數十次、數百次。沒有誰規定只能反悔或改變幾次。每個人的想法不同，每種情況也不同，這是我們必須接受的事實。真正接受自己能頻繁改變的人，才能快速且穩健地達到自己最終的選擇。

即使沒有旁人的催促，我們心裡也會焦急地想著：「這是我自己的決定，當然得由我負起全責。」這就是人類。在今日社會，這種看似理所當然的想法猶如空氣般無所不在，不必勞煩他人特地告訴我們。如果說旁人或深愛他們的人有什麼必須要做的，那就是幫助當事人跳脫這種無所不在的強迫觀念，避免深陷其中。唯有如此，當事人才能游刃有餘地檢視自己，經過深思熟慮後做出判斷，而這必然是最適合當事人的判斷。

「你切斷了兒子的退路！」那天對那位母親說出這句重話的我，扮演了「戰士」的角色。我挺身對抗的，是她阻礙自己深入同理兒子的錯誤想法。我並不是要傷害那位母親，我化身為戰士所要對抗的，是她傷害了兒子卻又沒能同理兒子的錯誤行為。當天結束對話後，她又寄了一封信給我。

媽媽的第二封道歉信

「你切斷了孩子的退路！」「你囚禁了孩子！」聽到醫師的話，我忽然覺得無法喘氣。過去那樣粗暴地對待孩子的自責感，不斷湧上心頭。

我看到其他人聽著我信中的內容，一邊流下了眼淚。聽到那些人也希望自己的父母真心向自己道歉，我不知不覺紅了眼眶。我感到深深的後悔和歉意，心想：「原來他們心裡是那樣期盼著，我的孩子也跟他們一樣吧。」那天之後，我從沒忘記要真心向好好孩子道歉。

但是換個角度想，我對孩子說的那句「做你想做的事，只不過以後別後悔，也別說你過不好！」似乎也是在對我自己說。二十多歲的我因為示威被抓進警局，後來被放出來時，還有我從事市民運動被捕時，都聽到了令我永生難忘的話。當時家人帶著責備的口氣問我：「你還要繼續這樣活下去嗎？」已經離開這個圈子的前同事，也丟出了質疑：「你還過著那樣的生活啊？」這些話像一把匕首刺進我心裡。這種時候，我總會在心裡暗自承諾：「這就是我要的生活，我絕不後悔！」

我沒想過這句曾經安撫自己的承諾，竟會變成一句傷害孩子的言語暴力，實在令人難過。我下定決心，一定要在中秋連假結束前道歉。在連假的最後一天，我找了孩子好好談談。

「有什麼事嗎？」孩子問我。我問孩子是否記得那封紅色的信，孩子點了點頭。看著孩子點頭的樣子，我的眼淚瞬間潰堤。我用顫抖的聲音說道，「我打了你巴掌，還有對你的決定大發脾氣，又把醜話說在先，這些事後來我都有惦記著，只是沒有勇氣跟你道歉，就這樣到了現在。我很抱歉，造成你這麼大的傷害。都是媽媽的錯。以後媽媽一定會相信你，尊重你的決定。對不起。」

聽完這番話，孩子的聲音也忽然顫抖了起來。雖然我還不熟悉如何用盡全力道歉，只道歉一次或許也不夠，但是說完之後，我的心情有些釋懷了。不過，我更希望孩子能就此釋懷。但是這樣的期待或許又是另一種執念，只好不去想了。

同理大概是解構自己、反省自己的過程吧。在這個過程中，那個不斷讓我感到不安、一再點醒我的某個情緒，刺激著我去解構自己、反省自己。

這位母親像是被當頭淋了一盆冰水，深刻理解了何謂同理，她的反思深刻而沉重。我被她深刻的反思所牽動，又再補充了一句：「如果好奇兒子是否釋懷，親口問他就可以，不必看孩子的臉色。」詢問本身就是治療的行為。試想當兒子看見向自己道歉的母親，還繼續關心著自己的反應，肯定會感到心暖暖的吧？

真心詢問自己，給自己充足的時間

雖然與這對母子的關係無關，不過信中有一幕深深觸動了我，那是這位母親自己的故事。她說自己曾經暗自承諾：「這就是我要的生活，我絕不後悔！」換言之，她曾經親手切斷了自己的退路。她在訴說自己切斷兒子退路的故事時，想起了年輕時切斷自己退路的往事。「做你想做的事，只不過以後別後悔，也別說你過不好！」這句話其實就是她年輕時用來洗腦自己的話。

那麼她現在該如何是好？很簡單，先停下來詢問自己。年輕時可能沒想到詢問自己，不過現在既然回想起來，就必須將視線放在自己身上，好好詢問自己。

「你要繼續這樣活下去嗎？」

「你真的想繼續那樣下去嗎？」

「真的嗎？」

不管結論是什麼，都毋須在意，只要真心詢問自己就好。不必急著回答，更不必花費力氣去聆聽答案，而是要不斷詢問自己。接著給自己充足的時間，讓自己盡情在各個問題之間徘徊、停留。別為了回答問題而勉強自己，我們要做的是詢問自己，並且先好好觀察自己的心。

繼續那件事也好，立刻放棄那件事也罷，結論並不重要。重要的是第一次真正就某個問題反省自己，像一面鏡子映照自己內心的每一處角落，如果發現有幽暗漆黑的地方，不妨打開閃光燈細細摸索與窺看。標準的回答與決定不一定能保護自己，關注與同理自己的過程本身，最終才能守護自己。

從小生活在孤單之中，對活著感到痛苦的人，如果他們童年那段孤單的歲月沒有得到充分的同理，未來當他們為人父母時，就很有可能強迫孩子「絕對不能孤單地活著」。沒有得到同理而置之不理的創傷，容易發展成單方面的說教和警告，化為一把刀插在對方的心上。

「你那樣活著太孤單了，不行！」

「人要活得自信大方才可以！」

「自己的選擇就要負責到底。」

就算是金玉良言，這種單方面的說教和警告也幫不了任何人。許多時候至理名言反倒灌輸聽者某種強迫觀念，甚至徒留傷害。這些不過是華而不實的話而已。

人們無法從至理名言中獲得幫助。唯有在對抗自我矛盾、領悟矛盾本質的過程中，得到他人理解與同理，從而練就出沉著與寬容、同理的能力，才能幫助自己，最終拯救自己。

這位母親在訴說孩子的故事時，竟從中看見年少時的自己，這樣的經驗也使得現場其他深受感動的人開始回憶過往的自己。她的坦承與深刻反省不僅拯救了自己，也成為治療他人的觸發器。

媽媽的第三封道歉信

近來在忙碌的生活中，只要有一點空閒，我總會仔細觀察自己。不知不覺中，養成了隨時提醒自己的習慣。我時常反問自己：「你是誰？此時此刻的感覺如何？有拿出你的真心嗎？覺得有趣嗎？」順著當下的情緒和感受反問自己。以前我都會問自己：「今天有沒有表現好？做了多少有價值的事情？」最近的反思和過去這些問題非常不同。我對現在反問自己的問題感到相當神奇。

您說地位或權力、財產或角色隨時都可以改變對吧？您說價值觀或信念也可以改變或妥協對吧？而您也說個人感受、個人情緒和個人心情都是存在本身，必須無條件給予關注和接受對吧？這些話看似簡單，其實很深奧呢。

過去我以為在生活中實踐自己的信念和價值觀，才是我這一生最重要的原則，也這樣走過許多歲月。盡綿薄之力找回這個社會的正義和民主，幫助被排擠或遭受迫害的弱者，在其他人眼中看來可能很抽象，但是對我而言卻是再理所當然不過的生活。

我曾經以為按照自己的信念和價值觀做出判斷，比在生命中感受自我、審視自我更為重要。那是我曾經的生活。當別人問我：「你還過著那樣的生活啊？」我回答：「這就是我要的生活，我絕不後悔！」也是為了表達我的信念和堅持。雖然嘴上這麼回答，但是在我心中某一處角落，似乎還存在另一種聲音，「就算這樣，我已經身心俱疲了，有時還覺得害怕。」但我忍住沒有說出口。

二十歲出頭的我，帶著理想到位於九老工業區的工廠工作[12]。前往工廠的時候，前輩告訴我：「多數人堅持不到三個月就走了。」事實也是如此。和我住同一個房間、一起上班的朋友，不到一個月便收拾行李回了家。

朋友收拾行李回家的那晚，我感到無比絕望與不安，直到深夜都不能成寐，好不容易才入睡。正睡著，恍惚間有種奇怪的感覺，我睜開眼睛，發現一名陌生男子進到我房間，正要掀開我的被子。那一瞬間，我大吼，「你是誰？你這變態！」並猛然起身。那傢伙嚇了一跳，逃出門外。我用湯匙卡住門把，死死鎖住門後，對著窗外放聲大喊，「有小偷啊！」我一手抓著削鉛筆機的刀片，站在房內瑟瑟發抖，淚水忽然潰堤。為了克服恐懼，我大聲唱出所有我會唱的歌。不久後，那名男子再度走到門外，說：「小姐，你太大聲了。」接著不知道鑽進了哪間房間。我全身起雞皮疙瘩，大聲叫道：「我現在手上有刀，你敢進來我就殺了你！」

當時九老工業區的住宅結構被稱為蜂窩，所有房間緊挨在一起。房間非常小，大約是一兩個人勉強躺下的空間。雖然我喊破了喉嚨，但是沒有任何人探出頭來，也許是被艱苦的生活折磨得不省人事了吧。我原以為用湯匙緊緊卡住門了，後來仔細檢查，才知道房門設計十分簡陋，只要從外面拉住門並用手指用力一敲，門把就會自動打開。原來那天是熟悉蜂窩房結構的某個男子，注意到朋友搬離後只剩一人的我，趁著當晚入侵我的房間。

在那個沒有市內電話和無線電話的年代，我只能在房間等到白晝來臨。就這樣和時間展開死命的對抗，終於等到清晨破曉。我趕緊跑到一樓房東的屋子，說我要立刻搬家。儘管如此，之後我還是在九老工業區生活了八年之久。

如今回想起來，許多因為痛苦、恐懼而想退縮的瞬間湧上心頭。有時也想像朋友一

---

12. 在八〇年代的韓國，部分從事社會運動者會選擇以「偽裝就業」的方式進入工業區，藉此啟迪底層勞工認識自身勞動權益，此即寫信者的求職背景。

樣，就此一走了之。但是我一直對自己的心裝聾作啞，逼自己不可以感到痛苦。有時難免感到痛苦，有時也可能想回家，但是那段時間我對自己實在太過嚴苛。我對自己非常抱歉。不僅如此，當時我量度身邊的同事也是用這種價值觀，而非真心交往，我對他們也非常抱歉。

人生在世，我有過開心到全身輕飄飄的時刻，也曾經被幸福滿滿包圍。也許相較於痛苦的經驗，我的生命中更多的是喜悅，因為我至今仍過著幸福洋溢的生活。只是過去的我，似乎吝於感受自己、鼓勵自己、同理自己。經過這次的經驗，我看見了那個擅長忽略同理障礙，而不是努力去除同理障礙的自己。雖然對於人與人之間頻率一致的同理和共鳴，我依然如霧裡看花般難以掌握，不過我相信未來會越做越好。我要讓自己變成一位多情的戰士。

讀著這位母親的第三封信，我一邊流下眼淚，為她孤單且令人同情的年輕歲月而哭，也因為那段驚滔駭浪且勇敢的歲月如此美麗而哭。儘管她曾經因為痛苦、恐懼而想退縮，也想像朋友一樣一走了之，但是她至今依然從事相關的社會運動。儘管如此，她開始發現她和過去的自己不一樣了。她變得更加從容自信，也更加沉穩。我發現瀰漫在她身旁的空氣不一樣了。她的疑惑從「今天有沒有表現好？做了多少有價值的事情？」，逐漸轉向「你是誰？此時此刻的感覺如何？」正是這個轉向，改變了她身旁的氣氛。

我們很難同理他人的原因，在於達到同理前的每一個轉角，都隱藏著不得不回顧我們自身的課題。前往同理的道路，就是一條解決這個問題後，再解決下一個問題的道路。然而那也是一條找回內心缺失的一角的道路，正如同那位母親找回數十年前遺失的血肉一樣，這條路上有著意料之外的寶藏，令人情緒激昂。

同理的障礙 5

抹去個別性的團體迷思

「真正愛吃肉的人，一定不會放過肥肉。」、「懂得吃生魚片的人，絕對不會蘸辣椒醬吃。」生活中經常可以聽見這類說法。究竟是誰訂下了這套標準？為什麼我們也不知不覺迎合這個標準來改變自己的飲食習慣？我們喜歡或討厭哪些食物，只有自己清楚，並不是依靠外界的標準而決定。儘管如此，這些規定卻像是習慣一樣影響著我們。

在我面前有一個活生生的人，而我不去細細地感受他、詢問他、觀察他，只憑他是「白手起家的老闆」或「教育人士」的頭銜，便把他放進這樣的框架中，用這個標準來看待他、評價他。難道白手起家的經歷或教育人士的職業，就能幫助我們理解這個人嗎？還是那反倒是阻礙？根據我的經驗，十之八九是阻礙。

任何一個白手起家的老闆，任何一位教育人士，都無法成為該團體的象徵。根據經歷或當事人所屬的團體特性來判斷或定義一個人，稱為團體迷思（Groupthink）。藉由團體迷思來判斷的「他」，並非真正的他。「他」只是團體迷思塑造出來的理想形象。

我們可能從沒看過真正的「他」

團體迷思抹去了個體的心理變化，例如獨特性或個別性等，就像讓長期運動鍛鍊出的身體，穿上又寬又圓像麵粉袋的單一尺碼衣服，將身體包得密不透風，顯現不出美麗的身材曲線一樣。憑藉團體迷思，當然無法深入真正的「他」。儘管如此，人們依然慣用團體迷思來了解對方、看待對方。

在逢年過節的聚會上，在社會上功成名就的妯娌和收入優渥的妯娌所提出的意見，常被認為比其他妯娌的意見更出色，更有那麼一回事。即使是和社會成就或財產規模無關的話題，例如子女教育或扶養父母等，也是相同的情況。這是因為團體迷思告訴我們，所有成功人士都擁有達到那種地位的特殊能力——儘管我們知道成功人士或富豪獨特的判斷能力並不適用於世上的一切。

「成功人士都勤奮不懈、腦袋聰明、邏輯縝密。」社會對成功人士的這些猜想，正是團體迷思。在我們社會上還有很多這類團體迷思，例如「女生都……」、「長子都……」、「神職人員都……」、「學生都……」，都是一種心理暴力，就像無視大自然的美麗曲線，將其無情推平的挖土機。

既然心裡已經對某人有所判斷、評價，那麼自然容易疏於了解對方具備何種個別性，甚至相信不再需要仔細觀察對方。一旦受到團體迷思的制約，便再也無法深入認識任何人。

在某個假日上午，一位公寓警衛巡邏時，忽然聽見重物「碰」地掉落的聲音。他帶著不祥的預感趕往現場，發現一名男子已經倒在花圃裡。他又急忙爬上樓，按響那戶人家的門鈴，男子的妻子出來應門。警衛倉皇問道，「你家先生呢？」

妻子回答，「他在房間裡啊……」

丈夫倒在水泥地上，全身流血的當下，妻子還以為丈夫正在房間裡。

人們經常拿自己的配偶開玩笑，說「那個人被我死死抓在手裡」、「我只要一句話就能讓他完蛋」，但是這種能完全掌握人的人實際上並不存在。即使是七歲小兒，也不該是任憑擺佈的玩物。我們以為自己瞭若指掌的配偶，是真的「他」嗎？如果我們所知道的他，和真正的「他」差異甚大，那麼原因何在？

面對彼此時，如果雙方並未敞開心房或分享內心感受，那麼即使兩人是配偶或至親的關係，也可能是兩人互不相見的關係。

同理的另一個名字，是真心相待的關係和溝通。所謂同理，是深刻洞悉個體的個別性，是進入對方的心情和感受，見到真正的「他」，對「他」付出自己的真心。與此同時，我也掏出自己的心情和感受，與他一起分享、交流。如果沒有深入彼此的個別性，那麼即使是生活在一起的夫婦，也容易流於忠實扮演自身角色的關係。

所謂「忠實扮演自身角色」的關係，其實更接近組織成員或職場同事，而非夫妻關係。即使雙方相愛而結為夫妻，如果省略了認識彼此個別性的過程，那麼雙方只會停留在盡到夫妻義務的階段。

忠實扮演自身角色的關係，代表過著忠於團體迷思的生活。所謂「家庭主婦、妻子、母親、媳婦」，應該要如何如何；所謂「一家之主、父親、兒子、女婿」，應該要如何如何。在這種扮家家酒般的人生中，自然無法知道對方是誰，自己又是什麼樣的人。那是看不見自我心理變化的人生；那是和所愛之人生活在一起，卻一次也沒有過問對方真心的人生；那是一輩子和對方生活在一起，卻永遠不知道對方是誰的人生。

別讓「大我」蓋住了「小我」

我曾經問過一位運動員出身的政治人物，「您最近心情怎麼樣？」沉思片刻的他，坦率地回答了我的問題。他說從大學開始，自己就信奉「大我」的道理，把「大我」的事情當做個人的事情來看。所以當我問他個人心情、個人感受時，他覺得非常奇怪。雖然大半輩子理所當然的和「小我」使用同一個身體，但是他並不知道自己是誰。也許他一輩子也沒見過真正的自己吧。就像住在同一個屋簷下的丈夫墜樓，卻以為丈夫在房內的那位妻子一樣，這位政治人物只知道「大我」，卻不知道「小我」在哪裡。

豈止如此，還有開口閉口「高三媽媽幾乎都……」，用高三媽媽這種群體的特性來包裝自己的家庭主婦；用「我來自地方雜牌大學，所以……」當起手式，限縮自己發展機會的年輕人；用「理科生本來就那樣」來掩蓋自己的木訥，以科系代替自己的男大生；甚至是遭受悲劇性創傷的國家暴力受害者，也在陳述自己的痛苦時，使用「我們遺族家屬如何如何」的頭銜。

出戰世界盃的韓國足球代表隊選手，在賽後被問到「今天表現如何」時，回答幾乎是以

「我們選手……」開頭，觀眾很難聽見選手個人對比賽的感受。當「我們選手」一詞出現，接下來必定是千篇一律的回答：「為了回應民眾的期待和聲援，努力應戰……。」所以儘管每場比賽都不同，心得卻大同小異。這是因為個別情況和個人真實的感受，被「大我」的思維所掩蓋了。這正是我們社會的陋習。

在那樣的回應中，看不見個體的身影；因為看不見，個體的真實面貌便無法呈現出來。用那種方式說話，即使話說得再多，心裡也覺得不踏實，總有種意猶未盡的感覺。這是由於「小我」的聲音被掩蓋所導致。好比隔靴搔癢，再怎麼用力撓抓也消除不了搔癢的感覺。得脫去皮鞋和襪子，直接在搔癢的部位上撓抓，才能一勞永逸。

用「我們」做為起手式，無異於隔靴搔癢的行為。唯有說出個人心情和感受，將真實的自己視為個別主體來看待，才是一段健全關係的開始，那才是真正的同理。人類好比一座圓錐體的水晶雕刻，每一面都有切割成各種角度的立體圖樣，其色彩與氛圍會隨著光線照射的角度而不同。然而打著「大我」價值的利刃削平「小我」的行為，不但是對自己的暴力，同時也是自我封閉、自我壓抑的行為，更是對人類存在的無知。

儘管這個社會並沒有特別針對同理的反對勢力，我們在日常生活中依然難以建立同理的關係。這是因為通往同理的道路充滿障礙，而最常見的障礙就是團體迷思。若能敏銳看出自身的障礙，我們就能順利跨越它。一旦跨過這道障礙，同理就不再是徒具幻象的海市蜃樓，而是在每個轉角處湧出的解渴之泉。

同理的障礙 6

以概括性視角判斷一個人的習慣

初次見到某人時，我們會迅速伸出探查對方的觸手。無論是認識異性的聯誼或拜訪客戶的場合，都會用盡各種辦法觀察、了解對方。有時也會看對方如何回應我的問題，藉此掌握對方、為對方打分：「這個人看起來真單純」、「這個人太自我了」、「這個人真善良」、「這個人應該有大男人主義」等。

我們利用自己所知的方法來掌握對方的真面目，例如喜歡的電影類型、宗教、血型、對動物的態度、政治傾向、MBTI性格類型[13]等。在完成對這個人的描繪，知道「原來他是這種人」之前，不會停止探索。

---

13. 全名為 Myers-Briggs Type Indicator，簡稱 MBTI，是性格分類理論的一種。由知名心理學家卡爾・榮格於一九二一年提出。

評價的標準因人而異。每個人都有一套基於個人特質、興趣、人生經歷的運算法則，其中可能存在偏見，不過即便是偏見，每個人心中都必須有一把尺，才能避免在人際往來中承受巨大壓力。因為在認可對方之後，人們才能放下緊繃的神經。我們之所以願意開車出門，是因為相信經過路況複雜的路口時，只要遵守交通號誌，就能安全通過。如果沒有信號燈，必須由駕駛人眼觀四面、耳聽八方的話，駕駛帶來的巨大疲勞感將使人放棄開車。

同樣的，生命中儘管充滿變數，也必須有最低限度的常數。在我們頻繁送往迎來的人生中，其中一個常數自然是內在評價他人的標準。在建立內在的評價標準時，各種心理類型理論的確發揮了重要的功能。把這些理論套用到認識的人身上，似乎還算準確。心理類型理論能提高我們對一個人的理解與預測能力，降低我們的不安，這點確實貢獻良多，不過並不是沒有副作用──在我看來，副作用反倒更多。

近來越來越多人相信用四分法、六分法、九分法或十六分法，能將全人類分門別類，而被歸類在相同類型中的人，則全用同一套分析來解讀，彷彿他們自出生便帶有類似的DNA。「所有人類都是獨一無二的個體」，這個命題放在各種類型理論的框架前，不免顯得薄弱且毫無意義。

從這點來看，心理類型理論也算是阻礙同理的障礙。以某種特定類型看待他人的概括性視角，無助於真正了解對方是什麼樣的個體。用那樣的視角看待對方，絕對看不見一個做為獨立個體的人。

外在條件只是人的一部分

有位不曾進入社會工作過的家庭主婦，說自己為家庭付出了青春歲月，話中頗有自我貶低的意思。我告訴她：「您話中有點歧視的意味呢。」看著她把自己貶得一文不值，我問她：「如果是和您情況相反，有著人人稱羨的工作，在社會上光鮮亮麗的女性，您是否會打心裡崇拜她？」如果只看一個人的外在條件，而疏於關注個體的個別性，自己不僅可能無意間成為他人眼中的加害者，也可能成為傷害自己的人。

看看那些從名門大學畢業，甚至通過號稱只有菁英才能考過的國家考試的人，不知道當中有多少人是愚昧、無知且行為不合邏輯的。想想某些政治人物或知名人士，應該立刻就能理解。

儘管鐵證如山的案例隨處可見，卻並未真實反映在我們的認知中。聽到是頂尖大學畢業，聽到通過司法考試、聽到擁有高薪，一般人依然會有崇拜的心，覺得他們是和自己不一樣的人。當然事實並非如此。

學歷、地位、證照、資產規模等，這些外在條件和環境所塑造出的形象，通常只是人的某一部分。人類是由比它更大、更複雜的諸多要素所構成的，無法僅憑幾項條件就預測、推敲出整個面貌。好比看著一雙戴著手套的手，無法知道那雙手的纖細紋理，更別說是戴著厚厚隔熱手套的手了。

曾在文在寅總統伉儷的海外巡訪行程中，負責第一夫人頭髮造型的韓僑美容師接受採訪，說自己為第一夫人做造型的那三天非常緊張。我能理解美容師的心情，一方面卻也感到訝異。她為什麼那麼緊張呢？

第一夫人金正淑平時為人親和，在總統大選前，她不過是住在小型透天厝的鄰家婦女。進入青瓦臺之後，人們眼中的她和過去並沒有不同。她會在廚房燒菜、自己整理頭髮，除了悉心照料丈夫，她也會在獨處時從事閱讀。雖然許多人都知道她的生活，但是忽然站到第一夫人面前，人們總會不自覺地緊張。

儘管我們知道第一夫人的為人，卻改變不了面對第一夫人時的態度，這種內外不一的現象正是因為屈服於第一夫人的光環。一般人儘管知道做為獨立個體的金正淑是什麼樣的人，然而當她冠上第一夫人的光環後，人們依然受到這個光環所懾服。

迷失自我的明星

粉絲後援會會長在見到歌手趙容弼[14]時，想必很難看見真實的趙容弼。巨星級藝人之所以都過著孤單的生活，正是因為越來越少人把他們當做純粹的個體來看待。於是他們自己也越來越難看清自我存在本身，進而在這個過程中喪失了對自己的感覺。

換言之，他們自己最後也迷失了自我。儘管他們內心有著強烈的空虛感和混亂，但是即使告訴別人，也得不到他人的同理。因為人們更看重的，是他們所擁有和取得的外在成就。「就算內心感到混亂，我也想在那樣的豪宅裡迷路一次看看。」、「再怎麼空虛寂寞，我想也那樣了無遺憾地活一次。」藝人所取得的成就被賦予超過實際具備的價值，人們於是將藝人理想化、偶像化，致使巨星級藝人真正的自我被疏遠、排除。

---

14. 活躍於韓國八〇至九〇年代的歌手，有韓國「國民歌手」的美譽。

一名頂尖韓流女星贏得超高的人氣和鉅額的財富。托女兒的福，生活條件變得富裕的母親，卻無法再像從前一樣對女兒嘮叨，反倒得看女兒的臉色過活。哥哥也得到妹妹的援助出國留學，再也不是過去的那個哥哥。成為明星之後的她，不僅在外是藝人，在自己家裡也是藝人。在家人間的這種微妙變化中，她變成了既不是女兒，也不是妹妹的陌生人。

她說一個人在家轉著電視頻道，偶然看見自己出現在連續劇中時，總有種奇妙的感覺。沒有刷牙洗臉，穿著皺巴巴運動服的她，看著電視上那個風情萬種的另一個自己，產生了超現實感。有時她甚至會想，電視中的自己和坐著看電視的自己，究竟誰才是真正的自己。在他人眼中是藝人的她，逐漸在家人眼中也變成藝人，最後甚至也變成自己眼中的藝人。在迷失自我之處，恐懼正籠罩著自己。

將某人理想化，代表將對方推向全能的地位，同時將自己貶低成微不足道的角色。無論是被推崇者抑或是推崇者，都被剝奪了「自我」，讓「自我」遭受了致命的傷害。

同理不單只是如何傾聽的問題。當我們擁有不迷惑於這些外在條件的力量時，才有可能同理他人。

・所有人都期待得到他人的同理，也希望自己富有同理，但是卻不容易辦到。最大的原因仍在於，前往同理的路上會遭遇諸多障礙。唯有跨越這些障礙，最終才能抵達同理。其中最具代表性的障礙，當屬對情緒的誤解。

・忠實扮演自身角色的關係，代表過著忠於團體迷思的生活。所謂「家庭主婦、妻子、母親、媳婦」，應該要如何如何；所謂「一家之主、父親、兒子、女婿」，應該要如何如何。在這種扮家家酒般的人生中，自然無法知道對方是誰，自己又是什麼樣的人。

第六章

實踐

如何才能成為「治療者」？

真心好奇，疑問自然出現

這是同理工作坊中一位四十多歲參加者的來信。

我不知道他到底在想什麼，心裡非常鬱悶。究竟要在他身旁同理他到什麼地步？我已經心力交瘁了。這個人正是我兒子。高三的兒子說暑假要在家自修，所以沒有參加學校的暑期輔導。開學後兒子去了學校，發現自己疼愛的昆蟲死了，非常傷心，甚至用「殺人兇手」來咒罵幫忙照顧昆蟲的朋友，追究朋友的責任。看到為區區一隻蟲子的死過度反應的兒子，同班同學都笑他太敏感了。

因為沒有人同理他，我兒子和所有朋友交惡，告訴我他想要休學。我和兒子一起為昆蟲的死默哀，一起批判同班同學的無情，試著安慰兒子的心。然而過了一兩個星期，孩子的悲傷絲毫沒有減少，反倒越來越嚴重。

在我看來，可能是因為大學考試的壓力和沒有人可以談心的學校環境等原因，讓孩子變得越來越緊繃。兒子覺得自己沒有知心好友，似乎連找出自己為什麼會那樣的原因都感到害怕。

雖然我想告訴兒子：「你本來考試的時候就比較敏感，平常也和朋友有些問題，所以才會變成這樣。」但是我說不出口，當然也沒敢對兒子說：「放了暑假就不管那麼疼愛的昆蟲，把牠丟給朋友照顧，某種程度你也要對這個後果負起責任吧？」雖然孩子說是朋友殺了牠，但是把昆蟲丟在炎夏的教室裡，要活下來也難吧。

我沒有兒子那麼傷心，過了三個星期後，我心裡開始著急起來。所以我客觀的告訴兒子：「其他人養的昆蟲死了，也沒有你那麼傷心啊。」結果不但失去了孩子的信賴，還被當做是罔顧生命的媽媽。雖然很委屈，我還是重新整理情緒，和孩子一起為昆蟲的死哀悼。過了一個月後，孩子情緒逐漸穩定，就這樣平安畢業。

兒子的心情雖然平復了，但是我當時似乎沒有好好同理孩子的心情。再怎麼問孩子為什麼那麼傷心，孩子的回答只是「生命消失了不難過嗎？」那我還能再問什麼呢？我至今還是不知道該怎麼做，孩子才願意對我掏心掏肺。

兒子心情好的時候，會告訴我對考試的恐懼、被朋友們排擠的感覺等，和我分享心事。但是當他處在某種不明所以的憤怒和悲傷中，反覆說著相同的話時，我真的不知道該怎麼同理他才好。關於這件事，之後我是否該深入追問下去？如果真要問的話，我又該怎麼問才好？

在這封信中，處處流露著一位母親對孩子的苦心，這樣的母親今日已非常罕見。她沒有強迫孩子，沒有批判孩子的行為毫無意義，而是耐心等候孩子，是相當特別的母親。讀著母親字裡行間的真心，幾乎令人落淚。我能明確感受到那幾個月的事情依然烙印在她的心上，深深困惑著她。不過我想另外告訴她的是，同理並不是無條件對無法理解的事點頭認同。

你的問題是否早有答案？

那麼，面對心思如此敏銳細膩的孩子，該用什麼方式才能和他溝通，給予他同理呢？在同理孩子之前，母親的內心是否已經淨空？為了同理某人而消滅自己的聲音，這並非同理，而是情緒勞動。對同理的誤解，只會讓自已筋疲力盡。

同理不是建立在某個人的犧牲上，同理是在「你有你的情緒，我也有我的情緒」的前提下展開的情感交流，同理是尋找雙方都感到輕鬆自在的黃金交叉點的過程。沒有任何人犧牲的同理，才是真正的同理。

這封信的第一段話寫道：「究竟要在他身旁同理他到什麼地步？我已經心力交瘁了。」當事人想必覺得自己置身五里霧中。自己已經盡一切努力和孩子斡旋，卻怎麼也掌握不了孩子的心，全然無法理解孩子現在的狀態和情況。這種情況自然使她宛如身處濃霧之中，眼前一片茫然。

不了解情況時，不必似懂非懂地點頭認同，而是要繼續追問。逼迫自己接納、同理無法理解的事，只是強迫自己假裝同理，而非真正的同理。那只會消耗大量的精力，卻堅持不了多久。既然是無法理解的事，還能用什麼方式同理？

但是這位母親沒有繼續詢問孩子，這是有原因的。根據她的判斷，「可能是因為大學考試的壓力和沒有人可以談心的學校環境等原因，讓孩子變得越來越緊繃。兒子覺得自己沒有知心好友，似乎連找出自己為什麼會那樣的原因都感到害怕。」

母親已經事先將孩子那樣無理取鬧的行為，歸咎於大學考試的壓力和沒有幾個知心好友的校園生活等原因。她之所以沒有繼續詢問孩子，或許就是因為覺得沒有詢問的必要吧。換言之，母親已經對孩子的狀態提出自己的判斷了。

照理來說，如果有學過如何同理的問話方式，似乎就能向對方提出合適的問題，然而實際上並非如此。這也是為什麼從觀念、理論上習得的同理，無法應用於日常生活中。人們無法提出合適的問題，並不是因為沒有能力提問，而是必須真正感到疑惑，問題才會自然而然出現。想要感到疑惑，就必須留給思考一些空白地帶，接受自己所做的分析和判斷並非全部的事實。

我有我自己的判斷和想法，但是這和兒子的情緒和判斷互不相干。必須認同兒子也有自己的想法和情緒，兒子在我心中的形象才會出現空白的部分，如此一來，才會對兒子的心情感到疑惑，進而提出疑問。沒有疑惑，就無法發問；不對兒子提問，他就無法離開五里霧中。

關係是我與對方的雙人遊戲，單憑一己之力無法掌握全局。因為我並不是關係的全部，這場遊戲有你也有我。心中已有答案的母親所提出的問題，並非因為感到疑惑，而是試圖暗中將自己的結論傳達給對方的提問，也就是「問句型的建議或教導」。

她確實為兒子付出許多，堪稱一位特別的母親。然而她所付出的辛勞，卻無法幫助她理解孩子的內心與狀況，進而達到雙方產生共鳴的境界。她一方面隱藏自己分析出的結論，卻又若無其事地和兒子斡旋、對話，必定消耗了大量的精力，結果自然是「心力交瘁」。

像打聽兒子女友那樣發問

只要認同自己的結論並非全部，自然會感到好奇，並且有許多想問的問題。

「那隻昆蟲從哪裡抓來的？」

「你會這麼難過，看來牠對你是很特別的。對吧？」

試著詢問兒子那隻昆蟲對他有何意義，又是在什麼原因、什麼緣分下發現牠的。如此一來，便能透過昆蟲的話題自然而然聯繫到兒子自身的狀態、心情、情況等話題。

「你幫牠取名了嗎？（如果有）牠叫什麼名字？」

「牠長什麼樣子？像什麼東西？你最喜歡牠哪裡？」

因為是兒子最疼愛的昆蟲，母親自然會感到疑惑。這些問題就像兒子交了女友時，母親一定會問的問題。其實母親會詢問兒子女友的事，大多不是對女友本身感到好奇，而是對兒子的想法感到好奇。母親想知道兒子的興趣或喜好，也想知道他未來有什麼夢想。兩件事是一樣的道理。

關心兒子曾經那樣珍惜的昆蟲，向兒子打聽具體的訊息，那麼兒子自然會說出對昆蟲那樣重視的原因。母親也會在傾聽的過程中，知道那隻昆蟲對兒子而言不只是一隻昆蟲的原因。即使無法百分之百理解孩子悲傷的情緒，也可以藉此多同理孩子一些。

「原來牠在你心中是那樣的存在啊。原來如此。你都已經失去那麼寶貝的昆蟲了，班上同學還說你太敏感呀。同學什麼都不知道，還隨便亂說話。那時候你的心情怎麼樣？」不妨像這樣詢問兒子。

「那時候你的心情怎麼樣？」母親這句話猶如一支消毒過的針，可以將兒子內心充滿的悲傷和憤怒從膿包中釋放出來，讓兒子原本一再壓抑的內心獲得解放。這麼一來，母親便可以不費力氣地將自己的關心放入兒子心中。

母親只要將自己所理解的兒子心情，像一面鏡子重新照向兒子即可。「那隻昆蟲不只是一隻昆蟲，還是我兒子最好的朋友呀。那不只是一隻昆蟲死掉的問題，而是你失去了一個好朋友呀。」這時再詢問兒子：「把牠交給朋友照顧，你覺得後悔嗎？還是很自責？」兒子自然會接著說出其他的事情。

同理建立在「我有我的想法和情緒，對方也有對方的想法和情緒」的前提之上。在對方掏出埋藏內心深處的真心前，我永遠無法知道他的想法和情緒，這個原則不僅是關係的起點，也是同理的基礎。

感受不到與對方相同的情緒也無妨

這位母親所寄來的信中，有這麼一段內容。

「過了三個星期後，我告訴兒子：『其他人養的昆蟲死了，也沒有你那麼傷心啊。』結果不但失去了孩子的信賴，還被當做是罔顧生命的媽媽。」

能感受到與對方相同的情緒就是同理嗎？難道擅於同理的人，就必須達到和對方一起感受相同情緒的狀態嗎？不是的。同理不是進入感受相同情緒的狀態，而是願意接納、理解對方也可能有那樣的情緒或感受的狀態。進入這個狀態後，自然能貼緊對方的情緒波動，了解並認同對方的感受。有時可以感受到與對方相同的情緒，有時感受不到，這都無妨。

不是能感受到相同情緒，才算是同理。只要對孩子說：「媽媽沒有這樣的經驗，但是知道你現在難過得像是失去了朋友，原來你這麼難過呀。」母親和兒子是不同的個體，彼此感受到的情緒當然也不同。母親只要不覺得兒子的情緒奇怪，將自己認同兒子感受的態度表現出來就可以。那就是同理。

即使感受不同，也願意理解與接納對方

B和世越號犧牲者A從三歲起就是住在同棟公寓上下層的鄰居，從小玩在一起。儘管世越號事故已經過了好幾年，B仍然哭著說他想念A。

B：要是沒有那一次的意外，我還能對A說：「我們明天約哪裡見面吧！」現在只能這樣說，「來我夢裡吧，至少在夢裡見面也好。」太難過了。我真的好想念A。

我：原來如此，你有多想念他呢？

B：如果現在死了就可以看到A，那我一定會立刻去死！A對我很重要！

我：啊……。原來你這麼想念他，想念到這種程度啊。

請看看我最後的反應。我那時沒有對B說：「原來如此，因為是很重要的朋友，你當

然會那麼想。」那樣說就像是我也相信他會有那樣的心情，一點也沒有懷疑他的真心。我也沒有說我和他的心情一樣。

其實我沒辦法想像B會悲傷、難過到那種程度。所以我的反應是「啊……。原來你這麼想念他，想念到這種程度啊。」我想說的是：「我沒辦法想像你有多麼難過、多麼想念A。但是你的難過、思念原來到了那種程度，原來如此。」

如果那時我感受不到和孩子一樣的情緒，那還是同理嗎？是的，那是同理。告訴孩子「我都不知道原來你是那樣的情緒，原來如此」，無條件接納孩子的情緒，並且在這個前提之上，理解與認同孩子的存在本身，就是同理。

所有人都是獨立的個體，所有人都是彼此不同的獨一無二的個體。即使處在相同的情況下，也很難有相同的情緒，每個人都是那麼不同。所謂的同理，就是不輕易否定對方感受到的情緒，不輕易定義或批評對方的行為是不該有、不合理的行為。同理是帶著好奇關心對方，不斷探問對方，試圖理解對方，直到明白對方的內心為止。這正是同理時應有的態度，或者說這樣的態度本身即是同理。這樣的態度能讓對方感到穩定並信任彼此，進而敞開自己的心。

對自我的同理，優先於對他人的同理

我和那位為了兒子的昆蟲傷透腦筋的母親長談後，隔週收到了她的第二封信。信裡寫滿了一週以來和孩子對話的內容、過去身為母親沒能更深刻同理孩子的歉意，以及之後和孩子說過的話。其中也有孩子哭著道謝的場景，以及孩子和她分享大學生活煩惱的內容。但比起這些內容，我更有共鳴的是她描述自己的這段話。

常有人說我兒子很特別，兒子心思非常敏銳，很難得到其他人的同理。我很惋惜他無法和別人好好相處，更擔心他之後交不到朋友，所以經常下意識建議兒子「稍微配合別人一下」。兒子和朋友發生衝突的時候，我似乎也曾逼著兒子去迎合別人，說那樣才是讓他好過的方法。

雖然我常要自己別那樣，但是孩子的性格和我非常相像。我常覺得自己或許是因為那樣的性格，才會到現在都過得那麼孤單。所以我經常站在別人的立場來看孩子，而不是站在孩子的立場。我把自己的想法一五一十告訴了孩子，「無論原因是什麼，我總是沒能站在你的立場，我很抱歉。」孩子哭著跟我道謝，說現在沒事了。

一旦開始關注某人的內心，傾聽某人的心聲，我們內在的各種面貌也必然隨之浮現。這既是傾聽他人內心的同理者必須面對的痛苦，也是同理者獲得的祝福。痛苦是因為必須經歷難受與混亂的過程；祝福是因為這也是能了解與治癒自我內在的機會。她為了認識兒子而陷入深思，最後遇見了自己。

比同理他人更困難的是「同理自己」

她說因為自己的個性，導致過去活得非常孤單，所以才會逼著跟自己相像的兒子改變。對於這樣的想法，我只同意一半。她之所以活得孤單，不是因為性格敏感，而是這個敏感的性格被定義為錯誤、負面的性格，致使她得不到他人的同理，最後自我退縮。如果不是那樣，她即使性格敏感，現在也能活得好好的。

她認為自己至今的孤單，與自己的性格脫不了關係，這個想法進而演變成對與自己性格相像的兒子的不安。孩子所經歷的衝突或困境，大多被她解釋為性格造成的結果。這正是為什麼富有同理心的她在與兒子對話時，總像在濃霧中迷失方向，無法和孩子展開真正的對話，因而深感鬱悶。

原本關於孩子的故事轉向了母親自身的故事，而對母親性格的思考又再度轉到孩子性格上。為了同理孩子而開始苦惱的母親，反而回想起過去自己得不到同理的往日記憶。

在傾聽他人內心的過程中發現自己，是值得額手稱慶的事。因為透過與對方分享自己往事的過程同時，我們也可以獲得同理。如果沒能得到充分的同理，母親表面上雖然在談兒子的問題，實際上仍圍繞著自己的故事；雖然說是擔心兒子，實則無限循環自己過往的創傷、不安與悔恨。

自己的問題沒有解決，就無法真正理解兒子，無法見到兒子真正的面貌。只會將自己的影子不斷投射到兒子身上，讓自己越發不安。這已經脫離了兒子的問題，因為當事人早已陷入自己的創傷中。

當「同理對方」和「自己渴望得到同理」的需求同時發生時，得到他人的同理必然優先於一切。我們必須先得到同理，才能避免以扭曲的目光同理對方。

比起同理他人，更困難的是同理自己，認同自己必須得到同理的事實。其實只要表現得像是同理，任何人都能做到看似同理他人的行為，儘管那可能只是情緒勞動。然而同理自己的行為無法模仿。因為就算騙得了別人，也騙不了自己。

任何人在同理他人的過程中，自己內在的問題都會受到刺激而浮現，一旦產生混淆，就容易陷入混亂之中。不過此時的混亂是值得欣喜的，那是通往自我療癒與內在成熟的必經儀式。無論是哪種混亂都令人痛苦，因為消耗的精力極為龐大，然而混亂依然如美麗的花朵般值得欣賞。面對這個混亂，我們必須全神貫注才行。

帶著無所求、無所期待的心

據說工作坊結束後，這位母親與兒子聊了許多。

兒子：我不知道為什麼活著這麼無聊。

母親：原來如此，最近很無聊是吧。所以我們家兒子最近才會無精打采的呀。

——原原本本接納兒子的心情。不解釋，不剖析，不給建議，也不下指導棋。像一面鏡子照出兒子最真實的心情。真棒。

母親：最近過得怎麼樣？

——具體詢問兒子的生活。

兒子：今天也是那樣。每天都是那樣。

母親：原來如此。嗯，好像真的很無聊。

——母親依然沒有催促孩子，而是配合著孩子的情緒一起波動。她沒有試圖將孩子拉出情緒，而是陪著他一起，非常好。

母親：今天見到了誰？

兒子：就和A一起玩遊戲。

母親：遊戲好玩嗎？

她說那天就這樣和孩子閒話家常。可以肯定的是，兩個人的相處非常融洽。

我們不必為了強求同理，而擔心該問什麼問題才好。好的問題並不存在。關心孩子的回答，好奇他的想法，這種態度更勝於任何一個好問題，這種態度更富有同理、療癒人心。

對孩子而言，看見母親對自己無所求、無所期待，只是從容不迫地關注著自己的存在本身時，就能讓孩子感到無比的安全與自在。母親的這種態度給了兒子力量，讓他能繼續說出自己想說的話。這正是人與人之間所能達到的最好的同理，這個原理適用於孩子、伴侶，也適用於社會關係中的所有人。

用盡全身的力量向受傷的孩子道歉

同理工作坊中的一位女性S，寫信問我她該如何是好。

女兒目前就讀國中三年級，被診斷出有邊緣性智能障礙。她在學校已經跟著同一位導師三年了。不久前，我和女兒一起參加了國中兩天一夜的畢業旅行。在這兩天，老師幾乎像磁鐵一樣緊抓A生的手不放，不但滿口稱讚，甚至還餵A學生喝水。A生和其他學生一樣好手好腳，也不是會忽然不受控制的人，反倒比其他學生更乖巧聽話。

畢業旅行的那兩天，我想起以前女兒曾經說過的話。

「老師總是只牽A的手，太不公平了。」

我當時沒當一回事，反倒偏袒老師那方，但是在畢業旅行親眼目睹後，不禁滿腔怒火。雖然我去打聽過是否A生有什麼原因需要特別照顧，不過似乎也沒有。這段期間老師的差別待遇加上母親的無知，想必女兒的痛苦就像被刀子劃過喉嚨般難受吧。

不久前，女兒因為遲到和未寫日記，被罰只有她不得參加朝思暮想的體驗學習。特殊班朋友們都去了，只有她留在普通班上課。那天回家，女兒晚上睡到一半，忽然「啊」地大喊一聲，似乎做了噩夢。在這之後，她說話變得結結巴巴。我到她曾經接受社會化訓練的小兒精神科，拿了神經安定劑的處方，吃了兩個半月。

想到那段時間話都說不好、失魂落魄的女兒，我就難過得直發抖。「我是不是忽略了孩子的話和情緒？是不是捨不得她哭，所以只急著安慰她？」我覺得很抱歉，心裡也很難過。我已經知道孩子受到老師那樣的差別對待，而受到了傷害，現在身為父母的我該怎麼做才好？照著我所學到的，真實表現出我的感受就行嗎？

該採取什麼措施，才能讓過去受到傷害的孩子好過一點呢？母親的自責和憤怒該如何排解才好呢？又該如何面對老師呢？參加工作坊的眾人眾所紛紜。

1. **既然確定事實了，就應該去找老師興師問罪，問老師為什麼對學生不公平。**

——但是這麼做會不會讓孩子平白受害？

2. 已經無法信任老師了，最聰明的做法應該是轉學吧？

——這可能不是孩子想要的。和朋友分開並不容易吧？

3. 我會讓孩子一五一十說出這段時間在學校受到的傷害。最好還是仔細傾聽孩子覺得難過的事。

——如果提起孩子難過的事，又讓孩子做噩夢或遭受更強烈的痛苦，那該怎麼辦？

4. 媽媽應該先對自己的錯誤道歉。

——道歉後，媽媽的心裡或許會好過一些，但是會不會就此失去孩子對媽媽的信任？日後發生其他問題，會不會又怪罪媽媽？如果父母的權威受損，之後父母說的話對孩子都沒用，那該怎麼辦？

不要成為二次傷害者

首先必須思考的是，誰應該最優先受到保護和照顧。是女兒？是老師（和學校）？還是母親自己？

最該優先關注的人，當然是女兒。女兒是未成年人，有智能障礙，又是被害人。至於母親的自責或老師的問題，那是之後的事。

首先，母親應該向女兒道歉。

「媽媽親眼看到後，才知道妳說的話都對。很抱歉那時候沒有相信妳，反而幫老師說話。媽媽真的很對不起妳。」

真心道歉後，再問孩子：「妳那段時間上學的時候，心情怎麼樣？」孩子才會說出自己的心情。

「在媽媽看來，妳的話才是對的。老師偏愛那個學生的時候，妳的心情怎麼樣？」

如果孩子答不出來，不妨更具體地詢問孩子。

「（對於A生或老師）妳那時候想怎麼對付他們？討厭他們嗎？想揍他們嗎？」盡可能具體地詢問。

這個赤裸裸的問題，代表母親接納女兒的心情，也代表母親傳達給女兒的心情是「就算妳有想傷害他們的心也沒關係，表示妳是那麼的難過、那麼的委屈。」

過去在孩子的心中，或許早將母親視為二次傷害者。因為當孩子說出受到的傷害時，母親並未深入追究，而是單方面偏袒老師。如果是那樣，那麼母親對孩子造成的傷害，絕對遠比老師帶來的傷害更深。沒有解決這個問題，想直接讓孩子說出如何被老師傷害，無異於緣木求魚。

所以母親的道歉是第一要務，不可或缺。道歉不是隨便的道歉，必須「用盡全身的力量」道歉。唯有如此，孩子才會重新敞開心房，開口說話。

所以母親如此赤裸裸的提問，並非不恰當的問題，而是帶有刺激性、刻意的情緒煽動，是「無論妳的想法多壞，現在媽媽都知道了」的接納，是告訴孩子「我了解你，我支持你」的遲來聲援。

據說孩子受到懲罰而在普通班度過一天，當天夜裡便做了噩夢，母親再度找上小兒精神科。那天孩子在普通班發生了什麼事情，母親必須更具體的詢問。仔細詢問、傾聽，有任何疑惑都應該繼續深入詢問。出現母親不知道的事實或孩子內在的情緒時，就再次向孩子道歉，「原來如此，妳那時候跟媽媽說了，但是媽媽沒當一回事呀。」並認同孩子的情緒。如此反覆，一問再問。

在這個過程中，母親的目光才算是真正放在孩子的存在本身之上，也等於向孩子宣告：「我正關心著妳，和妳一起煩惱，我的心和妳的心一起上山下海。」此時，提問就是傳遞訊息。說些冠冕堂皇的話，滿口批評指教，並非有意義的訊息。那時的批評指教反倒是一塊絆腳石，阻礙了這些重要訊息的傳遞。

比起創傷，旁人的漠視更令人心痛

人們經常認為，「重提過去難過的事，會讓人回想起當時的痛苦，反而令當事人更加難過」，且對此深信不疑。不是的。孩子過去受到傷害的時候，也會告訴母親。母親可能不知道的是，孩子只是被母親忽視，所以不願再提這件事而已。

難受的不是回想受到的傷害並說出來，相較於此，說出創傷時遭到漠視的感覺，或者可能遭到漠視的不安，更令人難受。孩子會感到痛苦，是因為當下說出創傷時，反倒承受了其他更大的痛苦與傷害。如果以為說出創傷這件事會讓當事人更難受，那真是天大的誤會。換言之，重提過去的事之所以痛苦，是因為當時的創傷遭到漠視，沒能得到同理。尤其當這個痛苦淪為被批評的對象時，痛楚更深。

人們並不是因為疼痛而不願揭開傷口，而是揭開傷口後，他人卻在自己的傷口上撒鹽，由於這個經驗導致人們日後不願揭開傷口。所以在當事人一而再、再而三確認過安全前，絕不輕易再次重提往事。並非小心翼翼的人才這樣，所有人都是如此。

只要有安全感，受傷的人必然更願意說出自己受到的傷害，而不會顧左右而言他；只要見到有人流露出一絲願意傾聽自己故事的徵兆，那怕是在陌生的環境，哪怕對方是陌生人，也願意透過各種方法說出自己的故事。因為他們渴望被理解與獲得安慰，因為他們本能地意識到唯有獲得同理，才能避免創傷反覆浮現，擺脫隨時來襲的悲傷記憶。

母親必須不斷告訴女兒：「如今媽媽不再是當時傷害妳的那個媽媽了。」如此一來，治療才能啟動。

如果所有人都堅信，提及創傷會造成當事人更大的傷害，人們將逐漸遠離治癒的可能，對人類本身的信賴也將蕩然無存。打垮一個人的根本原因不在於創傷本身，而是旁人對其創傷的負面反應，造成當事人的二次傷害。如果一次傷害是中槍，那麼二次傷害便是致命性的補槍。

道歉沒有任何副作用

同理工作坊的許多參加者擔心，父母的道歉可能會帶來副作用。先從結論說起，我敢說絕對沒有副作用。跳開父母的角色，站在子女的立場來思考，答案將呼之欲出。假設有對老夫妻折磨了子女一輩子，某天忽然就過去的錯誤真心向子女道歉，子女會怎麼想？會有什麼副作用嗎？會覺得從此以後可以瞧不起父母、任意對待父母嗎？還是看見父母逐漸衰老，決定從此盡情嘲笑父母？既然父母承認了過去的錯誤，我一定要大發脾氣，發洩過去受到的傷害和痛苦？

不會的，情況正好相反。子女反倒會激動得落淚，還會對一輩子視為仇人的父母油然升起感恩的心。他們將第一次真心對父母感到憐憫，也必然願意原諒父母。

就算有一輩子刻意唱反調、挑起爭端，只為聽到父母一句抱歉的子女，也沒有看到父母道歉後，反倒變得離經叛道的子女。即使是曾經暴力到令人髮指的父母，只要真心向子女道歉，子女將放下自尊回心轉意。他們一方面憐憫父母，一方面從中得到深刻的安慰。直到此時，他們才能從困擾自己的創傷中稍稍獲得解放。真心誠意的道歉具有這股力量，完全沒有副作用。以為會有副作用的想法，是天大的誤會。

如果大人道歉，孩子會不會變得不禮貌？大人的權威受損，之後管教不動孩子，該怎麼辦才好？這樣的猜想同樣毫無意義。那是惰性、慣性的思維，也是錯誤的想法。大人必須用盡全身的力量道歉才行，真心道歉不會有任何問題。

母親：媽媽真的對妳很抱歉。

女兒：幹嘛這樣，沒事啦，媽媽。

母親：不是，媽媽今天真的、真的太生氣了。去畢業旅行看到那樣的景象，覺得那時候沒有好好聽妳說話，非常抱歉。我實在氣得全身發抖，對不起。

必須像這樣用盡全身力量表達歉意才行。即使孩子感到尷尬或慌張而試圖轉移話題或逃避，也要將話題帶回，繼續說到孩子聽懂為止。

父母口頭告訴孩子的「我愛你」，比不上當孩子親身感受到父母愛著自己的愛。道歉也是一樣，不是一句「對不起」就好，而是要說到孩子知道身為母親的我有多麼愧疚、心痛，讓母親的歉意在孩子心裡發酵為止，這才是真正的道歉。如果孩子有聽不懂的地方，必須面對面坐下來，再次真誠地道歉。

「媽媽心裡是那麼想的，真的。我真的對妳很抱歉。」

道歉之後，接著才能深入詢問孩子感到痛苦的往事。非問不可。如此一來，治療才能像軟膏滲入皮膚般發揮作用。同樣地，面對國家暴力受害者，政府也必須拋棄面子，不以道歉為恥，整個社會的治療才能真正開始。

掌握情況後，母親不應該立刻去學校抗議，更重要的是告訴孩子：「媽媽現在很生氣，甚至想衝到你們老師面前理論。媽媽氣到沒辦法原諒老師。錯在老師，錯不在你。」

比起趕往學校解決現實的問題，母親應盡快將這種心情傳達給孩子，才是第一要務，也是最能有效安撫孩子的方法。如果母親沒有那麼做，反而先跑到學校，那樣只會平添孩子日後校園生活的負擔，徒增孩子的不滿。母親必須先集中精力在安撫孩子的心情，讓孩子感到舒適自在。如此一來，在接下來的過程中才不會出現任何副作用。

當孩子感到舒適自在後，再向學校提出抗議，若有需要也可以轉學。只要孩子確信母親永遠站在自己這邊，親子之間形成一道穩定的聯繫，之後無論出現多麼困難的課題，都能共同攜手克服。親子之間的這種「同一陣線」的信心，能讓彼此的生活更為順遂、安適，自然也能累積豐沛的能量。

人心永遠是對的

母親S寄來第二封信。

我和女兒度過了情緒激烈碰撞的一週。我真心告訴女兒：「很抱歉妳告訴媽媽老師偏心的時候，媽媽沒有放在心裡。很抱歉媽媽忽視妳的情緒，反而偏袒老師。以後媽媽一定努力專心聽妳說的話。」隔天又再告訴女兒一遍。

女兒心上的鎖解開了，門閂也拉開了。她向我揭發老師的不公和壓迫，滔滔不絕地說出自己的委屈。有時和女兒邊走邊聊天，孩子越說越激動，和孩子道別之際，我會站在原地，說出自己心中的憤怒和傷心。有時我會停下腳步，站著等孩子繼續說完，此時我必定凝視孩子的雙眼，等待孩子把話說完，就這樣每天熱烈地聊一兩個小時。「這麼小的孩子，竟然有這麼多故事和這麼多創傷。之前一定過得很辛苦吧。」聽著孩子的故事，我感到無比沉重、啞口無言。

一個星期以來，我全心傾聽孩子的心聲，才真正有了當母親的感覺。這段時間非常寶貴，彷彿心裡冒出一股溫熱的泉水，溫暖了全身。女兒要我別告訴老師，說她怕老師生氣。但是我無法坐視不管，我已經知道太多了。我太過憤怒，不可能袖手旁觀。我安撫了孩子幾次，說媽媽會去找老師，一五一十告訴老師，要她別太擔心，隨後去了學校。我告訴老師孩子的說法和我自己的感受。面談過程中，看見老師眼眶泛淚，我也一時語塞，聲音顫抖了起來。我誠心請求老師日後自我約束，便離開學校回家。

在這兩年半內，孩子的心肯定傷痕累累，而身為母親的我，卻認為「老師會好好照顧孩子的吧」，用敷衍的態度輕忽問題，這點我非常抱歉。因為擔心老師會視女兒為眼中釘，也擔心老師會覺得我這個家長奇怪，所以我一直沒有真正表達出自己的心聲。我很難過自己如此蒙昧無知。

為什麼我這麼害怕告訴老師女兒的情緒和我的反對態度呢？我想利用這次的機會，鼓起勇氣積極表達我的感受和情緒。也想告訴女兒，謝謝她和我一起度過終生難忘的寶貴時光。

母親S相信向女兒道歉也無妨，相信女兒是對的，關於這點，我要為她獻上掌聲。女兒是對的，母親也是對的。人心永遠是對的。

就算是子女，也別隨意「批評指教」

「我真想殺了你。」

不知從何時開始，女兒竟對我口出惡言。我非常驚訝，虛脫感與自責籠罩著我，「這孩子這麼恨我嗎？」擔心她喝酒晚歸的我，竟被罵說：「你到現在還想綁著我，還想讓我照你的意思行動！」母女倆鬧得不歡而散。雖然我告訴女兒是因為擔心她才會那樣，不過坦白說，我想改掉女兒壞習慣的想法的確更強烈。

從女兒小時候開始，我和她聊天的時候，從未想過「這孩子為什麼會說那些話」，只是按照我的想法和判斷做出結論，單方面對女兒下指導棋。我以為那是身為父母理所當然的道理。之後我試著重新和女兒對話，她卻嚎啕大哭說：「我到現在都還得看妳的臉色。」

女兒有嚴重的憂鬱症和社交恐懼症，研究所休學後，整天待在家裡。她也不太買東西，只是喜歡熬夜逛購物網站，白天睡一整天。有時候晚上出門，一定喝到凌晨才回家，甚至外宿的情況也不少。

這時，我們母女倆必定少不了一番衝突。女兒總會這麼對我說。

「人生二十七年來，我所有壓力的來源都是妳。」

（事事要求完美的我，確實是造成壓力的主要禍首。）

「別再說妳是因為愛我了。那只是妳的期待，不是我要的愛。」

（我希望女兒過得更好，所以干涉她的一切，對她嘮叨不休，還錯以為那是關愛。）

女兒幾乎是吼著告訴我：「活到二十七歲，我覺得現在最幸福。如果妳想阻止我，那就是希望我變得不幸！」她似乎把喝酒到深夜當做是逃離母親的幸福了，也像是掙扎著告訴我：「我現在已經是成人了。」要我正視這個事實。

「媽媽妳不希望看到我幸福嗎？直到現在，我做所有事情都要經過妳的同意。妳知道我這五年來過得多痛苦嗎？早上睜開眼就想死，每天都在哭。」

聽到這句話，我像是觸電般大受打擊。女兒因為我造成的傷害痛苦不已，身為一個母親，我該如何是好？要認同並尊重她做為一個獨立個體，這對我來說似乎並不容易。

面對女兒將母親視為加害者的想法，母親該如何處理並給予幫助？該認同孩子的哪些部分？哪些部分才是孩子真正的感受，才是走進孩子這個存在的「門把」？我們先前說過，找出這個門把，給予同理後，將可轉開門把，開啟通往內心的大門。

女兒外在的行為相當激烈，也令父母難過，看似是不易解決的問題，不過其實女兒就像出考題並指出答案的老師一樣，正不厭其煩地一再展現自我存在最原始的面貌。她其實是對著母親大吼「這裡是門」、「這是門把」、「別再探索這面牆了，快看看這裡吧」。

子女大多會毫無保留地向父母表達自己的情緒，只是父母常像盲人摸象般搞不清楚狀況。她的女兒也是如此。她已經說出了自我存在的核心感受，指出了門把的位置。只要全心同理她的感受，這股力量將可轉動門把，進而走入她的內心。

治療由此開始。

即使是難以認同的心情也要尊重

「兩年來每天晚上都想死」和「活到現在，覺得目前最幸福」，女兒當下最迫切表達的兩種自我存在的感受，正是母親最難以認同的情緒。即使和母親的想法不同，女兒的感受也是對的。一個人的感受，不是其他人可以隨意指責對或錯的。自我存在的想法和感受不是批評指教的對象，而是必須獲得絕對尊重的核心。

如果是我，肯定會告訴女兒：「每天深夜都想死啊，原來妳這麼痛苦。那時候一定生不如死吧？每天深夜都想死，但是媽媽我什麼都不知道，卻還在睡。真的對不起。」我會最先關注女兒想死的心情，認同她，接納她。試想女兒每分每秒都處在生不如死的地獄中，母親卻不知道她的痛苦，這樣的女兒會有多麼茫然絕望？我也想告訴她：「妳過得那麼痛苦，還願意為媽媽苦撐下來，謝謝妳。媽媽什麼忙都沒幫上，妳還這樣堅持下來，真的很感謝妳。」

女兒也明確說出了另一個感受：「現在每晚失眠和酒精陪伴的生活最幸福。」如果是我，會這麼告訴她：「媽媽什麼忙都沒幫上，不過至少妳還覺得現在是幸福的，那就好了。看來是酒精拯救了妳，很抱歉每次都對妳嘮叨，要妳別再喝酒。妳覺得幸福，我也開心。媽媽會給妳更多錢，妳想喝就盡量喝，也可以點些小菜配酒喝。是媽媽的無知讓妳變成這樣，不過至少妳還有一個覺得幸福的角落，媽媽已經很感謝了。幸好幸好。對不起之前什麼都不知道，還對妳說三道四。」

或許有人會質疑：「有必要委屈到這種程度嗎？」、「不會太誇張了嗎？」甚至可能大驚失色問：「等等，你是說給她更多錢，叫她去喝酒嗎？」這不誇張。大腿受重傷而嚴重失血時，為了盡快止血，必須用止血帶緊緊綁住大腿上方。這時不會有人說綁太緊大腿會痛，最好動作溫柔一點。在大量出血的緊急情況下，對身體施予的壓迫必然與平時的肌膚接觸不同。

同樣的，現在女兒的情況也是緊急情況，必須用盡一切同理以防止出血。這不誇張，正如〈除了愛情，我什麼都不懂〉[15]的歌詞一樣，母親必須積極向女兒傳達這樣的訊息：「除了妳的心情，我的想法什麼都不重要。」這個決心源自於母親內在的聲音——無論你做出什麼舉動，媽媽都不會妄下定論，完全尊重你。

開導與教訓的本質

據說和我長談後，她向女兒道了歉。不僅如此，她更毫無保留地說出自己的心情。那天，女兒對她大吼：「別裝作了解我的樣子。不要現在才假裝同理我！」但是經過大約兩週，

15. 韓國知名女歌手沈守峰於一九八七年演唱的歌曲。

她晚上坐在電腦前的天數逐漸減少，也開始規律的睡眠。據說這是近幾年來頭一遭。女兒晝伏夜出的生活逐漸回到正軌，喝酒晚歸的日子也逐漸減少了。

再過兩週後，某天女兒說自己肚子不舒服，邀母親一起去一趟醫院。獲得大好機會的母親，牽著女兒的手一起去了醫院。這位母親經過探索與尋找女兒心上門把的努力，最終轉開了門，重新看見了女兒。

同理是發生在你我之間的交流，而開導是以「我知道一切，而你什麼都不知道」為前提，在「有我沒有你」的情況下出現的單向灌輸。所以開導和教訓的本質是暴力，在心理方面尤其如此。

「去喝酒的時候，為什麼你覺得那麼幸福？」

雖然母親無法理解，不過母親的想法無關女兒的想法。所以越是如此，越得向女兒問清楚。在詢問、理解之前，母親單方面對女兒施加的想法並非關愛或教育。那只是心理上的暴力。

雖然無法理解女兒喝酒傷害身體，卻又說自己感到幸福的想法，不過那也只是母親的想法而已。女兒有女兒自己的想法，也有她這麼想的理由。那是女兒的經驗，說得更深刻一點，那源自於女兒個人的歷史，與母親的想法或母親的歷史毫不相干。在母親勤奮不懈地同理女兒後，最後總算聽到女兒對她說：「其實喝酒的那段時間，我過得更悲慘。」

聚焦存在本身，向對方詢問並傾聽回答，接著再不斷詢問、不斷傾聽，對方的輪廓與事情的面貌將逐漸清晰。「原來如此。那是在什麼樣的心情下選擇那樣做呢？你的心情怎麼樣？」在你來我往如桌球遊戲的過程中，雙方的心將緩緩對到相同的頻率，彼此的聲音也將清晰傳入耳裡。同理亦是共鳴。

傾聽他人的心聲時，萬萬不可有「批評指教」。批評指教的另一個名字是「公理」。公理反倒更為暴力。比起被咒罵擊倒的人，我看過更多被公理擊倒的人，誇張一點的形容，大約有萬倍之多。事實正是如此。

同理可以說謊嗎？

一位要好的晚輩憂心忡忡地向我求救，說孩子今年六歲，托兒所換了半年左右，孩子忽然每天開始吵著不想去上學，時常哭著說朋友不願意跟她一起玩，搞得全家雞飛狗跳。聽了孩子的說法，母親才知道是孩子和其他小朋友處得不好。托兒所有一個七歲的姐姐，帶著其他四個六歲的女孩組成「五公主」，經常玩在一起，孩子沒辦法融入她們，非常難過。

晚輩找上老師商量，結果簡單來說，問題出在晚輩的孩子身上。如果沒能當上遊戲的主角，孩子會立刻嚎啕大哭，其他小朋友都討厭她。老師建議父母在家多協助孩子，一起照顧孩子的外公、外婆和晚輩夫妻倆，日復一日地開導孩子：「不要動不動就哭，要好好對待其他小朋友。那樣其他小朋友才會喜歡妳呀。」每天都得連哄帶騙不想去托兒所的孩子，有時甚至得發脾氣，才能把孩子送到托兒所。

後來不知何時開始，開始發現孩子頻繁地上廁所，頻率近乎異常，仔細一算，孩子一天竟上廁所超過三十次。帶孩子去醫院接受了各種檢查，醫師說孩子身體沒有任何異常，又問孩子是否承受太大壓力。晚輩再次前往托兒所，說明孩子的狀態，也向老師求助，然而老師們只是一再強調，會努力幫助孩子融入其他小朋友當中。然而，之後孩子的狀態並未好轉，上廁所的次數從三十次增加到四十次，有時甚至逼近五十次。

聽完晚輩的話，我要她先別送孩子到托兒所。之所以這麼說，不是因為我不清楚複雜的現實情況，而是孩子正承受著巨大的壓力，才會致使她那樣頻繁地上廁所，如果繼續讓孩子待在那樣的狀況，對解決問題毫無幫助。

我建議晚輩先讓孩子在家（或托兒所以外的舒適環境）休息，試著和孩子緊密生活一段時間，也最好仔細詢問孩子發生了什麼事，和孩子談論此事。像這樣仔細掌握孩子的情況，比其他任何事都重要。

據說晚輩告訴孩子，「接下來不用去托兒所了。妳在托兒所發生太多難過的事情，最好先休息一陣子。現在就在家玩吧。」讓孩子聽了非常開心。雖然上廁所的頻率仍未改善，不過總算能和孩子一點一滴聊起之前的事了。

「媽媽，之前其他小朋友為了不讓我加入遊戲，一看到我就跑了。七歲的多彬姐姐只給我藍色色紙，卻給其他五公主漂亮的粉紅色色紙。每次去找其他小朋友一起玩，他們都說：『你不可以進來玩。』說完就跑走，還把門關起來。我在門前哭了好久。我每天都自己一個人玩。」

孩子一一道出在托兒所遭遇的各種難過的情況。問孩子為什麼都不跟媽媽說，孩子答道：「我都說不想去托兒所了，妳還是每天叫我去啊。說了你還會發脾氣，所以我就不說了。」問孩子為什麼不跟托兒所老師說，孩子回答：「覺得老師不會相信我說的話……。」說完自己哭個不停。對話尾聲，孩子哭著問媽媽能不能教訓那些孩子，還有教訓她們的時候，自己可不可以偷偷在旁邊看。隨後，孩子解釋了提出這個要求的原因，「我不是只有想到我自己，也有想到其他小朋友。雖然我現在不用再去那裡，但是我真的很擔心那裡的小朋友。」

附和對方，和對方一起生氣

我告訴晚輩，務必要雙眼直視孩子，用心傾聽孩子說話，並且用盡全身的力量給予同理。之後每當孩子說起托兒所的事情，晚輩必定用力點頭，專注傾聽，並且隨時附和孩子。孩子忿忿不平地說起排擠自己的五公主時，母親也激動的跟著一起生氣。她明確地將自己同理孩子的心傳達給孩子，甚至到了他人眼中會覺得這位母親太誇張的程度。

「媽媽聽到你說那幾個壞心的五公主，生氣到晚上都睡不好覺。怎麼會有這樣的小朋友啊？我們家女兒一定很傷心難過吧？媽媽一定要教訓一下她們。要怎麼教訓才好呢？」聽完母親的話，孩子立刻提出各種建議：「真的要教訓她們嗎？最好打她們屁股、捏她們的臉，還要大聲罵她們，讓她們害怕。」

聽完孩子的建議，晚輩經過一番思考後，告訴孩子：「媽媽已經去過托兒所找五公主，好好教訓她們了。」雖然沒有真的那麼做，但是每每凝視孩子的雙眼，聽孩子說出自己受到的創傷，晚輩確實氣到無法忍受。雖然說謊並不容易，不過晚輩盡可能煞有其事地告訴孩子。

「我去托兒所叫出五公主，讓她們排排站好，用拳頭敲A的頭三下，還用力捏了B的臉。C最壞，所以敲了她的頭五下……。」

晚輩一一點出小朋友的名字，說明如何教訓每個人，又敲了她們的頭幾下。

「你們這些欺負其他小朋友的人，都應該受到懲罰。我和老師商量過了，你們接下來一個月都不能吃點心！」

孩子全神貫注地聽著母親如何教訓排擠自己的五公主，同時發出一連串的疑問：B那時候的表情怎麼樣；C被媽媽罵完有沒有哭，怎麼哭，有沒有說什麼；點心是不是一天只能吃一次，是不是不能吃兩次等等。晚輩說，之後孩子仍一直吵著要聽教訓五公主的事，所以整整說了三次，和第一次說的內容完全相同，自己都覺得累了。聽完母親第三次的說明後，孩子不禁眼眶泛淚，對母親說道。

「媽媽，謝謝你。現在我總算自由了。」

（晚輩無法相信這是六歲孩子會說的話，又問了幾次「真的嗎？」正如字面所言，是真的。）

之後孩子上廁所的次數逐漸減少，終於回復正常。儘管如此，不知是否偶爾想起仍會感到氣憤難當，孩子之後仍多次提到當時的委屈。這時，全家人都會附和孩子，陪孩子一起生氣。繼母親後，父親也去了托兒所教訓五公主（當然也是假的）。爸爸告訴女兒，自己也氣得受不了，一個一個都好好教訓一番。

漸漸地，圍繞五公主的話題減少了。好一陣子沒有談到五公主，全家人過著愉快的生活。

不料四個月後，前往新托兒所報到的那天，孩子又重新提起五公主：「媽媽，我們一定要把五公主做的壞事畫成海報，貼在新的托兒所和附近。」那時晚輩連聲附和「沒錯，沒錯！」後來孩子把這件事忘得一乾二淨，目前在新托兒所順利就讀中。

多虧父母用盡全身力量同理六歲孩子的痛苦，孩子最終獲得了自由。難以想像孩子所說的自由是什麼感覺？遇見痛苦難過的人，我們通常不太關心如何用盡全力同理對方，也很少在對方身上付出一絲一毫的精力，只是站在遠處不費力氣地指手畫腳下指導棋，所以才會說出「其他小朋友不喜歡妳」、「妳應該先好好對待其他小朋友」等的話。

下指導棋的方式無法解決對方的痛苦，必須用盡全身的力量同理。所以同理他人的痛苦猶如投入一場「心理戰」，需要消耗大量的精力。這是當然的，因為這是為對方解下世界上最沉重的包袱的苦差事。

所以說謊也沒關係嗎？

晚輩並非不能同理孩子的痛苦，卻又用謊言在孩子面前上演一場同理秀。事實是欺負孩子的小朋友有錯在先，雖然晚輩想化解孩子的憤怒，但是又不能真的動手，只好向孩子口頭描繪一場懲罰教育。

但是再怎麼說都不是事實，這樣真的好嗎？母親打著保護孩子的藉口在孩子面前說謊，在教育上沒有問題嗎？如果之後孩子再遇到五公主，發現原來不是真的，不會覺得父母背叛了自己嗎？又或者孩子未來和其他朋友也發生類似的問題時，又提出相同的要求，「媽媽，妳再幫我教訓她們」，那時該如何是好？看過父母以暴力方式解決問題的孩子，如果日後也試圖以暴力手段解決問題，該怎麼辦？各式各樣的想法困擾著許多父母。

「雖然說是為了同理孩子的痛苦才會那麼做，但是父母擺明了就是對孩子說謊，可以把這件事正當化嗎？」相信不少父母會在意此事，並為此產生罪惡感。

首先第一點，孩子日後真的會怪罪母親，說「妳明明沒有教訓她們，卻還騙我。媽媽是騙子」嗎？其實，就像嬰兒發現母親給的是安撫奶嘴時，並不會有被母親背叛的感覺，晚輩女兒對於母親努力將自己從痛苦中解救出來的行為，反倒會抱持感恩的心，而非感到被背叛。幾乎百分之百如此。

即便如此，仍有父母非常在意謊言帶來的心理負擔。在此，我們不妨針對這個主題好好思考一番。這個日常生活中微不足道的謊言，不只發生在上述六歲女兒和母親的案例中，在其他有子女的家庭中也經常發生。擴大來說，無論子女是六歲還是三十歲，都沒有太大差別。甚至不只是親子關係，在所有相愛的人之間，也經常出現類似這樣的情況。

緊急情況下需要緊急處理

在一次分享同理故事的聚會上，我徵得孩子母親的同意，說出這個六歲孩子的故事。家有青春期孩子的母親B，哽咽地說道：

無論孩子是六歲還是十七歲，每次孩子說起自己難過的事，我總是先指出對錯，再說明其他人的立場，最後才問孩子：「為什麼會發生這件事？」現在回想起來，似乎總是錯過詢問孩子心情的正確時機。即使孩子一再忍耐，好不容易才對我開口，我也是同樣的態度。

因為我是媽媽，孩子才會對我求救的。如果是其他溫柔的媽媽，肯定會給予回應，然而我只看結果，以為「那樣不行，要正確教導孩子才行」，所以總是先為別人著想。後來我才意識到，我把教訓當成了教育。我最優先考慮的，總是如何把孩子教育成不被別人指指點點的好孩子。唉，明明可以更好的把握時機，錯過這個時機，孩子也可能因此喪命……。如今回想起來，孩子能平安活到現在，是我最感謝的事了。至於未來的事，等之後再說吧。

這裡所說的「時機」，直接指出了問題的核心。在我們心中的各個角落，隱藏著看似平凡的急救機制，而在日常生活中實踐的同理，正是我們得以在無形中拯救某人性命的心理CPR。

CPR的關鍵在於時機。如果不立刻實施CPR，將失去一條寶貴的性命。即使幸運救活，也可能留下致命的後遺症。日後接受治療時，必須投入更龐大的時間和努力。當這種致命的後遺症不斷累積，結果便是喪失活下去的動力。

一天得上廁所四十至五十次的六歲孩子，她的身體狀態想必連大人也難以承受。此時此刻，猶如戰時，而孩子對母親說的話，是相當於向一一九報案的緊急求助。接到緊急求助時，必須比照緊急情況給予回應和應對。好比看見緊急出動的一一九救護車，沒有哪個警察會開超速罰單的吧。

聽完Ｂ的發言，未婚的年輕女性Ｃ接著開口。說的是自己二十二歲時陷入困境，在極其痛苦的某天打電話給母親的往事。當時她對接起電話的母親劈頭問道。

「媽，如果我殺了人，妳會怎麼做？」

母親的回答簡潔明瞭。

「殺了人當然要坐牢。」

Ｃ娓娓道出當時對那句話的感受，「我對那句話並不感到難過。那時只說了聲『喔？』，便煩躁地掛掉電話，後來才知道我從此放棄了對媽媽的期待，直到現在。我不是不知道殺人要坐牢，才問媽媽那個問題的。那時我需要的只有安慰而已。不管是謊言還是事實，我都不在意。只要那句安慰是為我而說的，我覺得就夠了。我想六歲小孩也會是這麼想的。」

Ｃ那樣說著，彷彿自己就是那個六歲孩子，眼淚不禁撲簌簌地落下。

母親「殺人要坐牢」的回答，是完全沒聽出女兒話中的脈絡與意義，程度相當於小學一年級的回答。不，或許小一生還更懂話中的含義。女兒沒來由地打給母親的那通電話，已經不是關於日常生活的閒談了。

「媽，如果我殺了人，妳會怎麼做？」這個問題是女兒發出的ＳＯＳ。在Ｃ還是嬰兒時，她的母親肯定是個能迅速分辨嬰兒哭聲源於肚子餓還是尿布濕的母親，是個舉一反三、悟性極高的母親。這樣的母親也沒有罹患痴呆，怎麼會聽不出話中的含義呢？

幾年後，C才發現和母親的那段對話帶給自己極大的傷害，並再次詢問母親當時為何那樣回答。

「這個嘛，我也不知道為什麼會那樣說。只覺得應該要那樣回答，才可以幫助妳回到正軌，不讓妳誤入歧途。」

讓曾經聰明的母親倒退為愚昧的母親，這或許是當今社會強調對錯分明的強迫意識所造成的吧。

豈止是C的父母？多數韓國父母的想法與反應大同小異，像是都在韓國父母協會接受過訓練一樣。「難道我是想傷害孩子才那麼做的嗎？正確教育孩子，養成堂堂正正的人格，這是身為父母的義務呀。」

不是的。這是不明就裡又不思進取的行為，是教育者偷懶的態度，更是披著教育外衣的暴力。至今仍有不少父母堅信，父母必須灌輸子女的許多觀念中，最重要的是不可以說謊。這種慣性的道德壓迫，阻礙了對人心深刻且全面的理解。

「六歲孩子如果再次要求媽媽教訓其他小朋友，父母該如何是好？」如果有父母心中存在這樣的疑慮，不妨思考以下情境。

一名男子下班回到家，妻子發現丈夫神情有異，問道：「在公司發生什麼事了？你怎麼了？」不料丈夫忽然火氣上來，百般無奈地回答。

「今天被部長臭罵一頓，下午又被叫進部長室罵。真是的！」

那時如果妻子回說：「竟敢對你這樣的老實人亂罵！我一定要去把他們碎屍萬段。叫他們都出來面對！」丈夫的心情會是如何？雖然明知妻子不可能真的追去公司，但是那瞬間卻因為妻子站在了自己這邊，心中某一角感受到了溫暖，就是如此神奇。

假設情況顛倒，妻子因為認為自己沒有立刻跑去公司的想法，不可以拉開嗓門說謊，所以對丈夫曉以大義：「你要好好聽部長的話，幹嘛又這樣？我不是叫你多用點心嗎？」那麼家庭氣氛就會回歸和平嗎？還是這個世界就會充滿公平正義？兩者皆非。

並非只有大人如此，孩子的心也是一樣的。所以父母沒必要擔心如果自己假裝教訓了其他小朋友，孩子又再次拜託時，該如何是好。這種擔憂不是大人才有，孩子也是一樣的；不是只有大人會思考，孩子也有自己的想法。在孩子眼中，和朋友的關係遠比和大人的關係更重要、更有價值，所以他們比大人更敏銳看待和朋友的關係。

雖說只有六歲，不過孩子並不是沒有自己的想法。「一有問題發生，媽媽就教訓其他小朋友，那我的朋友都不見了，該怎麼辦？」他們比大人更擔心這樣的情形。所以為了避免父母再次教訓朋友，孩子寧可選擇容忍而不願告訴父母。

如果父母以為自己才有不同的想法和顧慮，就可能拒絕將孩子視為一個獨立的個體。對丈夫可以使用善意的謊言，卻強迫孩子不得說謊，這代表父母只將孩子視為受教育的對象。這類父母堅信如果沒有父母的教導，孩子什麼也不知道。父母會思考，孩子也會思考。孩子也和父母一樣，是一個獨立的個體。

唯有充分的同理能帶動孩子的成長

在人們的集體潛意識中，存在著對謊言的畏懼。這不是說我們必須接受謊言，而是一旦牽涉到對謊言的強迫觀念，人們就難以正視人心。舉例來說，我們經常聽到類似這樣的故事：小時候某人為了掩護同桌朋友，當老師問起朋友去哪裡的時候，只好說「他去一下廁所」，後來老師發現不是那樣，把想要掩護朋友的孩子抓來打手心五十下，一邊痛罵，「我絕對無法原諒說謊的孩子。」那句「他去一下廁所」是謊言，還是想要掩護朋友的心？

不只孩子在學校如此，父母在家中也是如此。許多時候對正義或道德的強迫觀念，成為了對同理的障礙，造成人心致命的傷害。一位被評價為韓國憲政史上最無恥且缺德，同時對金錢有著異常執著的前任總統，他的母親盡其一生教導子女必須為人正直，據說其母親本人實際上也過著那樣的生活。然而她曾任職總統的兒子，卻撒下漫天大謊，欺騙了整個國家，因收受鉅額賄賂之嫌遭關押。教導是教導，人是人，這是兩碼子事。能改變一個人的，並非教導。

得到母親充分的同理而找回自由的孩子，將可成長為與創傷前不同的「全新的自我」。所以即使日後再次遭遇類似的情形，孩子也將可以「全新的自我」面對該情況，而非過去的樣貌。他不會因為遭遇類似的情況而重新回到原點。

天氣在每日風向、濕度、附近氣壓等所有條件相互影響下不斷改變，人心也是如此。人心並非固定不變，而是瞬息萬變。經過治癒的心，將得以持續成長，那便是「全新的自我」。

只要了解人心的這種道理，自然不必擔心孩子日後會再要求父母教訓其他小朋友，也不必煩惱孩子是否會從父母身上學到暴力解決問題的方法。人們必須了解，在傷口治癒的過程中，六歲孩子將切身體會到這樣的事實——「即使遭遇再困難的事，人生也不會就此結束。這些都是可以解決、可以擺脫的問題。爸媽會永遠站在我這邊。」並且帶著這股力量活出堅定的人生。

・聚焦存在本身，向對方詢問並傾聽回答，接著再不斷詢問、不斷傾聽，對方的輪廓與事情的面貌將逐漸清晰。在你來我往如桌球遊戲的過程中，雙方的心將緩緩對到相同的頻率，彼此的聲音也將清晰傳入耳裡。同理亦是共鳴。

・只要有安全感，受傷的人必然更願意說出自己受到的傷害，而不會顧左右而言他；只要見到有人流露出一絲願意傾聽自己故事的徵兆，那怕是在陌生的環境，哪怕對方是陌生人，也願意透過各種方法說出自己的故事。因為他們渴望被理解與獲得安慰。

結語

在生命中感受與經歷過的點滴

我不是精神科醫師。考取精神科專業證照已經是許久前的事，不過我並未受限於某一領域專家的身分，或者不希望自己受到那樣的限制，所以才會那麼說。在心理治療的現場，我只是純粹的個人。這本書也不是以某一領域專家的身分所寫，而是做為一個人的我，將親身經歷、體會的心理治療相關理論與經驗記錄下來的一本書。像是記錄口述內容般，寫下我心中不斷湧出的故事。

在這些故事的中心，都有一個男人的身影，這個男人正是我的丈夫。我所經歷的一切事件，都有他攜手相伴。無論是實質性的陪伴，還是象徵性的扶持。我們是彼此的靠山。我在書中提及的個人經驗，其實都是從我倆扶持相伴的生命中獲得的體悟。

我是個「悲傷的天才」、「幸福的天才」（這些綽號是他為我取的）。在情感方面，我確實是個不折不扣的「富翁」。見到滿身傷痕的人，我的反應就像人們對詩人的形容一樣——「最先開始哭，並且哭到最後」；在看似無甚特別的日常生活中，我也能一一挑揀出各種微小的喜悅，並因此感到幸福。我知道自己所擁有的這種情感能力（同時也是我的秘密武器），源於他對我如瀑布般無窮無盡給予的關注與同理。

在我們相互扶持、彼此依靠的歲月中，我們的生命日漸平順，所有事物愈發清晰。而這一切又擴及我們所見到的人、事、物，生命因而更加平靜和睦。

在決定一件大事前，我們總會半開玩笑地引用羅伯特．佛洛斯特（Robert Frost）的詩，決定兩個人的角色。

雨曾經對風說：
「你去風狂我來雨驟。」

——摘自〈曾被擊倒（*Lodged*）〉

他在著作《我心是地獄時》[16]的前言，引用了這首詩。那時我是風，我來風狂他來雨驟；而這一次我是雨，如大雨傾瀉般，寫下許久前從人們身上反覆聽到的問題與答案。

那個問題是：「有沒有不必去找心理專家，也可以自行治療的方法？」我想，回答這個問題或許是我最後一次盡到的社會責任，而答案就是本書。我所承擔的任務本質，即是挖掘出同理的全貌，而這個同理必定具備最原始的強烈性與簡潔性，能夠廣泛應用於任何一種關係與衝突。

若能了解何謂真正的同理，並應用於生命之中，那麼多數情況都毋須專家的幫助，就能自行獲得治療或給予治療。既然衝突或問題已防範於未然，自然可以最大程度減少不必要的精力消耗。這是明明白白的事實。我期許自己在這樣的基礎上，像一位解剖學家滴水不漏地剖析同理，並展示在讀者面前。

這本書不是在書桌前或醫院門診內導出的理論，而是我在令人窒息且死氣沉沉的痛苦現場中、在各種大大小小的創傷接連不絕的日常生活中，看見了人們的內心，並

16. 作者即鄭惠信丈夫李明洙，該書於韓國二〇一七年出版。

從中提取出的結論與經驗、真實案例。用武術來形容的話，它不是架式十足的花拳繡腿，而是真正能發揮力量的實戰武術。它可以拯救人命，也可以將深陷泥淖的人救援上岸。

我沒有努力將個人感受或見解、結論套進精神醫學科既有的觀點和理論中，也並未削弱或美化任何個人感受或見解、結論，使它妥協、馴服於前述觀點和理論。執筆過程中，我的心裡並不將它們當一回事。儘管我知道近來精神醫學界的趨勢，是試圖用腦科學與藥物學來說明和解釋人心的任何變化，但是我並不特別在意。我不願迎合趨勢來修正我的經驗和觀點，只想按照我的視角和態度，綜合整理我所感受、經歷的一切。

這次扮演「風」的我的丈夫，比平時颳起更強烈的風。其實，他就是最早推動適用心理學的「始作俑者」。他讓原本安穩地待在精神醫學圈子裡的我，經歷了無止盡的考驗，使我產生了動搖。當他問起關於治療的問題時，如果我以精神醫學的結論回答，他總會反問我：「就這樣？」二十多年來始終如一。為了回答他每一個具有挑戰性的問題，我必須積極尋找解答，這個過程奠定了適用心理學的重要骨幹。

我喜歡足球選手席丹（Zinedine Zidane）。即使銅牆鐵壁般的敵方守衛包圍著他，沒有露出任何的破綻，只要席丹一個移動，就能立刻製造攻擊的空間。在敵方的包圍中，席丹踢出一記天外飛仙。在自己創造出的空間內大顯身手，席丹的球技令人驚豔。至今回想起那一刻，我依然心情激動。

同理也是如此。在看似無計可施而令人絕望的痛苦與創傷中，將同理運用得出神入化的人，必能瞬間創造出治療的空間。原本看似不存在的空間，將瞬間在眼前展開。這正是同理在人們心中創造的奇蹟。經過一番努力，人們將可成功脫離絕境。同理就是具有如此力量。我已傾盡自己的經驗與熱忱，將同理令人驚訝且驚豔的力量呈現在讀者面前。根據他的說法，這已經是我目前所有的招式了。

二〇一八年九月
鄭惠信

HEART
心|視野　心視野系列 071

好好回話，開啟好關係

用三句話暖進人心，做個支撐他人的成熟大人

당신이 옳다

作　　者　鄭惠信
啟　　發　李明洙
譯　　者　林侑毅
總 編 輯　何玉美
責任編輯　洪尚鈴
封面設計　FE 設計 葉馥儀
內頁排版　JGD

出版發行　采實文化事業股份有限公司
行銷企劃　陳佩宜・黃于庭・馮羿勳・蔡雨庭・曾睦桓
業務發行　張世明・林踏欣・林坤蓉・王貞玉・張惠屏
國際版權　王俐雯・林冠妤
印務採購　曾玉霞
會計行政　王雅蕙・李韶婉・簡佩鈺
法律顧問　第一國際法律事務所　余淑杏律師
電子信箱　acme@acmebook.com.tw
采實官網　www.acmebook.com.tw
采實臉書　www.facebook.com/acmebook01

I S B N　978-986-507-195-0
定　　價　360 元
初版一刷　2020 年 10 月
劃撥帳號　50148859
劃撥戶名　采實文化事業股份有限公司
104 臺北市中山區南京東路二段 95 號 9 樓
電話：(02)2511-9798　傳真：(02)2571-3298

國家圖書館出版品預行編目資料

好好回話，開啟好關係：用三句話暖進人心，做個支撐他人的成熟大人 / 鄭惠信著； 林侑毅譯 . -- 初版 . -- 臺北市：采實文化 , 2020.10
320 面；14.8x21 公分 . --(心視野系列；71)
譯自：당신이 옳다

ISBN 978-986-507-195-0(平裝)

1. 心理治療 2. 溝通技巧

178.8　　109012587

采實出版集團
ACME PUBLISHING GROUP